まえがき

（一）

市域が一〇平方キロというと、単純に考えて、その二辺は二キロと五キロほどということになる。市域の端から端まで歩いても、一時間半ほどで着いてしまう。東京都清瀬市はこんな小さな自治体で、そこに七万人足らずの人が暮らしている。この地域の土地とごみ袋のものがたりをはじめたい。

ごみ袋とは、捨てるためのごみを入れる袋のことで、別に特別のものではない。こんなごみ袋でも、いろいろなことが次から次と起きている。土地の方は、宅地であり畑であり林である土地のこと。これらの土地も行政がそこに絡むと、いろいろなことが起きる。ごみ袋と土地を通じて、ひとつの地方自治体の姿を、社会的に明らかにしたい。何処にでもあることなのか、それとも清瀬だけのことなのか、知りたくなってくる。

ものがたりは、三年前のごみ袋の有料化からはじまるが、その後の出来事も、それ以前の出来事も、すべて現実に筆者に降りかかったこと。それらのひとつひとつに、ああでもない、こうでもないと考えをめぐらし、そして薄氷を踏むように行動してきた。フィクションではなく、現実なのだが、それは当然筆者の視点となる。そして、筆者と立場の違いからか、見解を異にしてフィクションとなるかもしれない。それはそれでかまわない。それであえて『清瀬異聞』とさせていただいた。そのため、登場人物のほとんどはモデルがいる。なかには二人、三人という複数のモデルを、ひとりの人格とした場合がある。また反対に、ひとりのモデルを二人の人格に使い分けてもいる。

（二）

それにしても、この日本という国は、理不尽な言葉が跋扈する。政治家や大企業の経営者という社会的に強い立場の人の発言からは、とくにその思いが強くなる。石原都知事の所謂「ババア発言」や、障害者への人格云々発言。小泉首相の一国の宰相とは思えない、無責任な国会における発言。あるいは、自民党幹部の歴史と現実を無視した発言。これら一連の発言は、これまで培ってきた言葉への信頼を一挙に失わせ、日本文化そのものまでも崩壊させてしまう。この罪は重い。

企業経営者も同じ土俵にいる。労働者の馘首といえば重大事で、それこそ、市中引き回しのうえ、打ち首獄門ということに通じるのだから、禁じ手の最たるもののはず。それがどうだろうか、今では「リストラ」という言葉に置き換えて、市中を闊歩させている。

そして、これらの理不尽な言葉の氾濫には、言葉そのもので抗うことが求められているのだが、その言葉そのものの力が段々と弱められてしまう。言葉の力の弱体化には、ひとりひとりの市民が、その責任を負わなければならないのだが、その一方では、新聞・テレビをはじめとしたマスコミの罪は否定できない。その報道をよく観察すると、五年前、一〇年前には考えられなかった論理を、何の恥じらいもなく用いている。珍しくない言葉だが、やはり歴史は繰り返すのだろうか。

（三）

数年前になるが、都立大の教員をしていた湯浅欽史さんから、ご自分が書かれた『まだ科学を信じているきみへ』という冊子をいただいた。「科学信仰が人類滅亡を準備する」ということがその内容なのだが、その文章の中に、「たかが正しいだけ」という一文があった。言葉、特に書き言葉に関心を持ちつづけているが、この一文のことが頭から離れないでいる。「正しい」ことに、「たかが」が加わると、それは、今の日本社会の姿をそれなりに表現しているのではと思うからだ。

でも、戦後の歴史は、その「正しさ」を基本に歩み始めたのではないかとも思う。「たかが」ではないその「正しさ」は、格調高く威厳に満ちたものだったはず。自力によるものか、占領軍によるものかは別にして、戦争の反省により様々な領域で改革されたのだが、それらが、ひとつひとつ覆されてゆく。もともと、そういうものを担う力量というものが、私たち一人ひとりの国民は持ち合わせていなかった。元に戻っただけだと思えば、帳尻は合うのだが、それではあまりにも悲しすぎる。

清瀬で起きているもろもろのことも、この「たかが正しいだけ」という一文に流されてしまいそうになる。抗う方法を見出さなくてはならない、悲観する前に一歩一歩行動をと考え、このものがたりとなった。そして心配になるのは、最初は自分や自分たちの論理が間違っていることを承知していて、しかたなく認めていたのだが、それを幾度となく繰り返すと、本当の姿が見えなくなってしまうということだ。自分を戒めなければならないことは勿論だが、そんな人が、筆者の周囲に少しずつ増えはじめている。

(四)

本書を執筆できたのは、本書に登場された方や、あまりにも身近すぎて登場させられなかった方々を含めて、多くの方々のおかげです。

横道にそれる私を叱咤激励してくれた松永浩三朗さん、はる子さんご夫婦。拙い生原稿を読み、的確な指摘をいただいた鎌田公代さん。清瀬市民でもある佐高信さん。出版の機会を与えてくれた版元の松田健二社長、徳宮峻さん。推薦文を寄せていただいた清瀬市民でもある佐高信さん。そして、清瀬のことを書く機会を与えてくれた、筆者もその運営委員である「障害者の教育権を実現する会」の津田道夫さん、同『月刊・人権と教育』編集担当の佐藤努さんに感謝します。
本書の第一章は、個人誌『臨河』創刊号・第二号に発表。第三章の一部は『月刊・人権と教育』に「清瀬発」として発表。そして、第二章と第三章の一部と、エピローグは書き下ろしです。

（二〇〇三年八月・筆者）

＊参考文献

『新編武蔵風土記稿』（雄山閣）
『武蔵野歴史地理』（有峰書店）
『武蔵野話』（有峰書店）
『近世武州名栗村の構造』（名栗村教育委員会）
『武州世直し一揆資料（一）（二）』（慶友社）
『多摩の五千年・市民の歴史発掘』（平凡社）
『武蔵名勝図会』（慶友社）
『武蔵武士』（有峰書店）
『清瀬市史』
『東久留米市史』
『東村山市史（資料編）』

『新座市史（通史編）』
『水道問題と三多摩編入』（東京都）
『多摩の百年上・下』（朝日新聞社）

清瀬市議会会議録
清瀬市議会報
清瀬市各種公文書
清瀬市報
東京都監査委員会資料
新聞記事（武蔵野版）
各市議会議員の会報・ニュース
清瀬市民オンブズマンニュース
政党支部機関誌
各市民団体機関誌
怪文書
東京高裁判決文

目次

第2章 傍聴──二〇〇二年 071

第3章 怪文書──二〇〇三年 123

エピローグ　閉鎖社会

第1章

ごみ袋

二〇〇一年――

1. ごみを拾うな、そのままにしろ

　ここ二年ほどの自分の変りように驚いている。これまでは、社会のできごとも地域のできごとも、無関心というわけではないが、積極的でもなかった。どちらかというと、自分のちいさな世界に浸りきっていた。そして、それは役所についても議会についても同じだった。本当は関わりが深いはずなのに、自分とは関係のない世界に思えていた。それがどうしたことか、ごみ問題を通じて、役所のことや議会のことが身近なものになってくる。

　生活をするということは、ごみとの関係もつくりだす。生活のために商品を購入して、それを利用するのだが、その利用の途中にはごみが出るし、最後には、使いきった商品そのものがごみとなる。自分だって、ごみ問題が地球環境や資源のことに深く関わることは承知しているし、できるだけごみは出したくない。そのためには、自分なりの努力もしているが、その努力にも限界がある。毎日の生活を振り返ると、ごみを出しているというより、ごみを買わされているという感じがしてしまう。商品がごみとなるのだから、ごみをつくりだすのは企業ということになる。

企業の性悪説はとりたくないのだが、ごみの発生とその処理については、やはり企業の責任が一番重くなるのではと思う。でも、商品流通の監視役であるはずの行政と、そこに付属する議会の責任も否定できない。ときとして、企業ではなく、行政が一番責任があるのではとも思えてくる。製造者である企業に、強制力を伴う努力義務を課すことができるのは行政だけで、その義務を定めるのが議会となるのだから、行政も議会もその役割も大きなはず。でも現実はどうだろうか。

一方では、消費者である市民の責任を問う声もあるが、これは、ごみの最後を見て最初を見ない考えだと思う。ごみは処理するという商品としての最終段階ではなく、生産という最初の段階を考えるべきだと思う。そして行政、企業、市民の三者を比較すれば、責任の順番は市民が最後のはずだ。家庭のごみばかりに目がゆくが、廃棄物では産業廃棄物の量が格段に多いし、環境破壊に直結するのも産業廃棄物の処理方法にある。松岡智茂子は、こんなことを考えている。

ひとつの電話がしじまを破る。

「知っていますか、ごみ袋はどこにも売っていませんよ。今日中に買わないと、ごみが捨てられなくなってしまう。明日は仕事があるし。貴女はどうするの」

その後も電話が何本もかかってくるが、ＰＴＡの友だちや、パート仲間の人たち。話の内容はどの電話も同じで、ごみ袋のことになる。なかには智茂子を問い詰める電話もある。

「松岡さんは審議会の委員をやっていましたね。指定袋を決めたのは委員の皆さんでしょう。売っていないなんてどうしてなの」

「袋の売っているところを聞いて、教えられた店に行ったが、どこも品切れ。こんなことになるなら指定袋なんて中止すればいいのに。審議会の委員なのだから、市にちゃんと伝えてほしい」

智茂子は丁寧に答えた。

「指定袋にしようと決めたのは市で、それでいいと認めたのは議会ですよ。審議会は答申を出しただけですよ」

答えた後に、指定袋制の反対を求める署名集めに協力し、議会に陳情したことも、そして、その顛末も説明した。それに加えて、文句を言いたいのなら、賛成した審議会委員と、陳情に反対して指定袋制を認めた市議会議員へ言えばと、付け加えたくなった。でもこのことは言えなかった。やっと言葉を飲み込む。ごみ収集指定袋制の答申を市長に出したのは、一年も前のことで、議会に指定袋制が提案されて可決されたのも半年前のこと。市民の袋の使用量を計算するのには、十分な準備期間があったはずだ。それなのに、収集がこれから始まろうというのに、袋が不足するとはどういうことなのだろうか。自分は反対していたので、それ見たことかという思いもあるが、呆れてしまう。

指定袋制を実施するのは、ごみ減量のためだというが、智茂子はどうしても理解できないでいる。審議会で論議したときも、他の提案は、積極的には反対しなかったので、結果として認めたことになるが、この問題だけは、賛成できませんと、自分の意思を明らかにした。そのためか、使用開始日が近づいてきたが、ごみ袋は、購入する気になれないでいる。

近所の店で、いつごろ入荷したのか聞いてみた。店主の話では、自分の店で袋を販売したのは、実施日の一週間ほど前からだが、店によっては、三、四日前からしか店頭に並ばないところもあったという。

指定袋が売り切れ続出の事態となり、新聞にも取り上げられる。「業者は他の自治体の経験から必要量を計算したようだが、まとめ買いをする人が多くて迷惑をかけてしまった」と、環境部長がコメントを寄せている。でも、この説明では、不足した責任は、必要量の計算違いをした業者であり、まとめ買いをした市民だということになる。問題点をうやむやにして、だれも責任をとらないのが役所の体質のようだが、部長のコメントはその典型となる。智茂子は、自分が参加した審議会を通じ、その片鱗を知るところとなったが、でもそれだけではなく、市職員や議員から聞く話も、そんなことばかりだ。

こんなことを考えているのは智茂子だけなのかと思っていたが、どうもそうではないようだ。部長の発言を読んで、抗議した市民がいたのだろうか。数日後の別の新聞では、環境部長の発言は、「ストックが少なく、実施までの販売期間が短かった」と、釈明にかわっている。買占め説では逃げ切れないと思ったのだろう。不足するなんて、常識では考えられない。指定袋制は、三多摩の青梅市や日野市でも実施している。当然ながらこれらの市では、不足したなんて話は聞かない。清瀬市だから不足したようだ。こんなことになってしまっては、指定袋制の答申をした審議会の委員も、その責任は逃れられない。

市は指定袋不足の理由を説明する。それによると、実施日前に準備した数量は、七万セットだという。袋の種類は、可燃ごみと不燃ごみ用の袋それぞれに大中小があり、一〇枚入りとなっている。智茂子は、七万セットと聞いたとき、それら六種類合わせて六〇枚が一セットだと思った。でも実際は、一〇枚入りが一セットで七万セットだという。市民は六万七〇〇〇人ほどなのだから、世帯数は二万を越えるはず。一世帯あたりに割り当てれば、二、三〇枚にすぎない。計算は机上でされたようだ。生活の臭いはしない。市民にとっては、指定袋というのは、はじめての経験。念のためにと、大中小をそろって用意する人も多かっただろう。

次は袋の種類だが、市は中型の袋が多く利用されると思ったそうだ。そのため用意した八割は中型で、残りの各一割を大型と小型にしたという。でも実際は、市民の半数以上は小型の袋を購入している。どうして中型を多くしたか疑問に思ったが、すでに実施している青梅市に学んだという。青梅市では、清瀬市の中型と同じ大きさの袋が最も多く利用されているそうだ。でも可燃ごみの収集は青梅市が週二回で、清瀬市は週に三回だ。収集日が多い方が、一回あたりの出す量は少なくなる。このことは学ばなかったのだろうか。それに、これまでの市民によるごみ減量の実践も、青梅と清瀬とでは違うはずだ。分別収集がどのくらい進んでいるのか、ビンやカンなどの資源物の収集はどうしているのかが、一人あたりのごみの排出量に影響する。

そんなことを考えていたとき、梱包会社で働いている友人が、こんなことを話してくれた。
「私の会社でも袋を扱っているので、袋のことが話題となっていますよ。清瀬市の指定袋は韓国で造っているんですってね。だから足りなくなってもすぐには入荷しないのね。市民が使うのだから、どうして身近なところで造らないのかしら」

その友人は情報通のようで、市は一ヶ月程前から必要量を販売するように計画を立てていて、業者もその条件を了解しているはずだとも教えてくれた。しかし、その条件は守られなかったということになる。韓国で造っているということは、品切れになってから再入荷するまで、かなりの日数が必要となる。ごみ袋という商品は、重量に比較して安価な商品なので、航空貨物となるはずはなく、船で運ぶはずだ。外国で製造するのをいけないとはいわないが、指定袋制は問題があるのでは、との声に、「大丈夫です。心配ありません」と、答えている。せめて、品切れにならずに製造・流通させてほしい。

指定袋は、市内の商店で販売しているが、商店への入荷量は店によりまちまちのようだ。市民の購買行動を考えて入荷量も考えればいいはずだが、どうも違っていて、店によってばらつきがあり、多くの市民が買い物をするスーパーの入荷が少ないという。反対に、地元の小さな商店の店先には、たくさんならんでいるという。製造して配布するのは業者だというが、どうしてこんな配布方法なのだろうか。販売手数料が商品価格の一割だということも気になる。仕入れれば必ず売れる商品なので、販売リスクはない。そして、その袋を市民に購入させるということは、一種の税金を市民から徴収していることと、同じ理屈となる。

ここまでくると、製造と配達の業者が、まともなのかどうかも気になってくる。ことは行政が行うことなのだから、業者を決めるのは入札によるはずだ。入札するための基準はどうなっているのだろうかと気になる。入札価格は正当なものなのかも心配だ。

「顔見知りの市民が袋の配達をしていたのには驚いた。市に問い合わせたら、配達しているのは承知しているが、製造業者の責任で配達業務を委託しているのだろう。市は関係ないといっていた」

「外国から持ってくるからか、厳重に梱包してあるが、今度は、その梱包材料がごみとなってしまう。これでは、清瀬市がごみを輸入しているみたいだ」

「指定袋がないのが販売店の責任となってしまう。お客さんに怒られてばかりいる。市に委託販売を中止したいと申し入れたら、なんとか続けてほしいと頼まれた。でも、本当はやめたい」

指定袋の販売をしている商店主は、こんな話をしてくれた。

社会評論社◎新刊案内

2003.7.25／No.039

【7月25日刊】最新刊！

アメリカの戦争と在日米軍

●藤本博＝南山大学教員　島川雅史＝立教女学院短期大学教員

日米安保体制の歴史

アメリカの戦争に、日本はなぜ一貫して加担しつづけなければならないのか。講和条約と同時に調印された安保条約によって、「アメリカ占領軍」は「在日米軍」となり、駐屯体制は今も続いている。在日米軍が日米双方にとっていかなる意味を持つのかを問う共同研究。

四六判並製／２３００円＋税

【増補】アメリカの戦争と日米安保体制

在日米軍と日本の役割

●島川雅史

４月８日刊／四六判／２３００円＋税

アメリカは戦争をどのように遂行したのか。近年アメリカで情報公開された膨大な政府秘密文書を分析し、戦争の目的とその戦略、在日米軍と日本の役割をリアルに解明する。９・11テロ以後、今日のイラク攻撃にいたる情報を新たに増補する。

〒113-0033　東京都文京区本郷2-3-10　tel.03-3814-3861/fax.03-3818-2808　http://www.shahyo.com　e-mail: info@shahyo.com

映画化「スパイ・ゾルゲ」で話題――ゾルゲとその時代を問う本

国際スパイ・ゾルゲの世界戦争と革命

●白井久也編著

激動の三〇年代を駆け抜けた「怪物」を描いた映画『スパイ・ゾルゲ』（篠田正浩監督）も公開。今、世界的に注目されているゾルゲとは？　新資料に基づく共同研究。

2月10日刊行／A5判並製／4300円＋税

［目次］より
ゾルゲの諜報活動と尾崎秀実の果たした役割　白井久也／尾崎秀実を軸としたゾルゲ事件と中共諜報団事件／渡部富哉／英警察、一九三〇年代に「ソ連スパイ」と断定　名越健郎／日本人にとって「昭和」はいかなる時代か　篠田正浩／ソ連指導部から見捨てられた諜報員の運命　トマロフスキー、ウラジミール・イワノビチ／発掘された未公開文書／ほか

ゾルゲはなぜ死刑にされたのか

「国際スパイ事件」の深層

●白井久也・小林峻一編　A5判／3800円＋税

米開戦の前夜、一九四一年一〇月にリヒアルト・ゾルゲ、尾崎秀実ら三五名がスパイとして一斉検挙された。四四年一一月七日、主犯格のゾルゲと尾崎は処刑される。ロシアで公開された新資料を駆使して、ゾルゲ事件の真相をえぐる二〇世紀のドキュメント。

◆リヒアルト・ゾルゲ（一八九五―一九四四）
ドイツの新聞記者・共産主義者。第一次大戦に参加。一九年、ドイツ共産党に入党。二五年からモスクワで活動。三三年「フランクフルター・ツァイトゥング」記者として来日、日本で情報活動を組織する。四四年に死刑。

郵便はがき

料金受取人払

本郷局承認

2619

差出有効期間
2005年3月10日
まで

有効期間をすぎた
場合は、50円切手を
貼って下さい。

113-8790

（受取人）
東京都文京区
本郷2-3-10

社会評論社
行

ご氏名

（　　　）

ご住所

〒

ご職業または学校名

今回の購入書籍名

購入書店名　　　　所在地

本書をどのような方法でお知りになりましたか。

1. 新聞・雑誌広告を見て（新聞雑誌名　　　　）
2. 書評を見て（掲載紙誌名　　　　）
3. 書店の店頭で（書店名　　　　）
4. 人の紹介で　　　5. その他

購読新聞・雑誌名

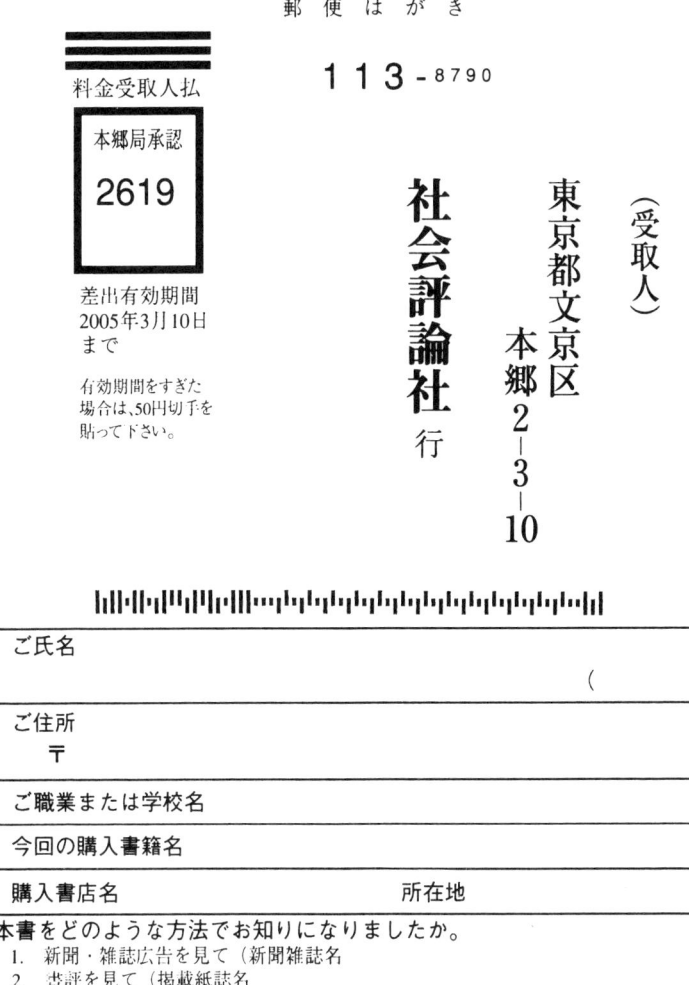

取次店番線
この欄は小社で記入します。

ご指定書店名

同書店所在地

書名

定価　　　円（　　　）冊

ご氏名

ご住所

お電話

■購入申込書■

小社刊行図書をより早く、より確実にご入手するために、このハガキをご利用下さい。ご指定の書店に小社より送本いたします。

読者通信

本書への批判・感想、著者への質問などご自由にお書き下さい。

最新情報は、社会評論社のホームページで
☞ http://www.shahyo.com

小社刊行図書ですでにご購入されたものの書名をお書き下さい。

指定袋の使用が始まって一週間が経ち、二週間経っても混乱は収まらず、店に袋が入荷してもすぐ売れていく。販売店への苦情の声はおさまらない。

「店の人が、店のほかの商品をいっしょに買ってくれれば売るといっている」

「貴方だけに特別に売ります。貴方のために残してありますと、店の奥から出してきた」

こんな清瀬市の現状を、その身で体験した市民の怒りは市役所に向かう。ごみ袋を担当する環境課は、苦情受け付け係りとして、二人の女性を臨時職員として採用した。それでも抗議の電話が殺到して、電話はなかなかつながらないという。

「当番を決めてごみの監視をすることになったので協力してくれといわれたが、そこまでやれば、それは戦争中の隣組とおなじになる。ぞっとした」

「指定袋が入っている袋はごみになってしまう。この無駄はなんとかならないだろうか」

「他に悩んでいることがたくさんあるのに、たかがごみ袋でこんなに悩むとは思わなかった。隣の市に引越ししたくなった」

こんな言葉が聞かれるのでは、市役所や出先の環境課に直接出かけて抗議する人も一人や二人ではない。そんな折、市役所全体が騒然としたのは、一市民の怒声だった。

「ごみを拾うなそのままにしろ」

市民の怒りは、市長室前に、ごみがたっぷり入った袋をぶちまけるまでになった。紙ごみではなく、台所ごみだったから大変、汚物があたり一面に飛び散り、腐臭が漂う。職員が警察に連絡しようとすると、助役が走ってきてそれを制止する。職員はだまって後始末をするだけだったという。ごみ袋の混乱の責任を自覚してか、市長は自分の報酬を、一ヶ月分に限って一〇%を減額した。

ごみ袋の不足も気になったが、市施設が指定袋を使ってごみを出していることも気になる。友人が市施設で購入しようと電話したところ、その施設で使う指定袋はあるが、市民に売る分はないと答えたという。市民の販売を後回しにし、自分たちの職場を先にすることの是非も問題だが、役所が指定袋を使うことが不思議でならない。指定袋を市民に使わせる理由は、市民にお金を負担させることで、ごみの排出を抑制することだ。袋の購入費が自分の負担なのだから排出抑制になるだろうという考えだ。しかし、市施設の場合は、ごみを排出する職員は、袋の費用を負担しない。購入費用は税金となる。

職員が排出するごみは、税金で購入した商品のなれのはて。そしてそのごみを、税金で購入した袋に入れて棄てるということになる。袋の販売料金は市の収入とはなるが、市職員が袋をたくさん使えば使うほど、市の負担は増える。儲かるのは、袋を製造する業者と販売手数料一〇%が入る販売店。一方の企業や商店の場合は、別の理屈となる。費用を負担するのは店主であり、企業である。ごみの減量が社会の求めであり、企業のモラルの問題でもあるが、袋の使用を減らせば経費を減らすことに直結する。市の側も減量になれば処理費用が減り、減量にならなくても袋の代金が市に入り、市の収入は増える。

たくさんの指定袋を購入するのはお金がかかりますよ。お金がかかると困るでしょう。だからごみを減量して袋を買わないようにしてくださいね。ということだが、この考え方は、企業や商店と違って市の施設では成立しないことだ。指定袋を含めて、袋に費用を使わないことが、もっとも理に適うごみ減量策ではないかと思う。それに加え、市の各施設では、紙類が可燃ごみに大量に混入していると聞く。

智茂子は、現実にその場面に遭遇したことがある。駅前の地下駐輪場に自転車を預けると、利用チケットが発行される。この一日利用チケットは紙片で、資源ごみのはず。しかし、資源としてではなく可燃ごみとして、しかも一般家庭用の袋を使って棄てていた。事業者が使う袋は一〇倍の価格なので、その袋を避けたのだろうが、これなどは、指定袋を利用するしない以前の問題だと思う。

2. 何がめでたいのか松竹梅

どこにお住まいですかと尋ねられて、清瀬ですと答えても、尋ねた相手は、清瀬がどこにあるのかわからない。「池袋から西武線の電車に乗り、所沢の二つ手前の清瀬駅で降ります」と、説明するとやっとわかる。でも、少し昔ならば、結核療養所がある清瀬といえばわかってもらえた。結核そのものが忘れ去られようとしており、清瀬の認知のされかたも変わってくる。

清瀬市は、東と北と西の三方が埼玉県の所沢市と新座市に、南が東京都の東久留米市と東村山市に囲まれている。地図を見ると埼玉県側に深く入り込んでいるのがわかる。面積は一〇・二平方キロで市域は狭く、人口は七万人ほどの小さな街。所沢との都県境を柳瀬川が流れているが、この川が武蔵国の多摩郡と入間郡の境界となる。この清瀬を含めた北と西と南の三つの多摩は、明治のはじめは神奈川県となっていた。それを当時の政府がむりやり神奈川県から切り離し、東京府へ編入する。明治二六年のことになる。東京府移管の理由は、東京府による多摩川の水利権確保のためと、自由民権運動の弾圧のためだという。東京府が東京都となって、水源の比重は多摩川から利根川に移るが、水の確保はいつの時代も重要のようだ。そして、自由民権運動の弾圧という理由は、ちょっと複雑になる。

当時の神奈川県は、土佐の高知県とともに、自由党左派の牙城であり、しかも西多摩と南多摩がその中心だった。三多摩を東京府に移管すれば、自由民権運動を担っていた神奈川自由党左派は、勢力が半減する。そして、東京府に加えられた三多摩は、東京府に埋没させられ、その比重は低下させられてしまう。その結果は、自由民権運動を下火にさせる。そして、このころ清瀬村が誕生する。

清瀬村が町となるのは昭和二九年で、畑作中心の農村であった清瀬は、都市勤労者を加えて、その姿を少しずつ変貌させる。震災の被災者が清瀬に移り住み、その後、戦後になって、海外からの引き上げ者がこの地に住まいを求める。そして、高度成長期には、住宅団地の建設がはじまる。

清瀬を案内するには、まず清瀬駅からとなるだろう。駅の改札口を出て右に曲がり、階段を降りると、ここが駅南口広場。駅を背にしてまっすぐに道が続いている。これが清瀬で一番にぎやかな通りで、「ふれあい通り」という名前がある。その距離は三五〇メートルほどで、肉屋、八百屋、書店、日本そば屋、文房具店、菓子屋、呉服店、弁当屋、惣菜屋などの店が並んでいる。カラオケの店も赤提灯もあり、まだ下町情緒が残っている。でも最近はところどころに、シャッターが降りている空き店舗が見られる。このあたりは松山一丁目。

今度は今来た道を引き返し、線路に沿った道を所沢方面に向かう。一〇〇メートルほど行くと街道にぶつかる。これが小金井街道。この街道を左に折れると、その左右に商店街が、東久留米との境まで八〇〇メートルほど続いている。この商店街の向かって左が松山一丁目で、右側が松山二丁目と三丁目。この商店街は、その店の半分ほどがシャッターを降ろしている。

次は目を北口に転ずる。改札口を出て左に折れる。地上に降りる最初の階段は左側にあり、それを降りると交番を左に見て、タクシー乗り場にでる。階段を降りないで直進すると、数段の階段があってそれからは橋になっている。その橋のすぐ右側に階段があって下はバスの発着場で、その前の線路際には花屋、コーヒー屋、コンビニ、ドラッグストアなどが並ぶ。橋をそのまま直進すると、駅前の大型スーパーの二階に接続する。スーパーの西に眼を転じると、そこには、市のメインストリートとなっている「けやき通り」が走っている。その通りに面しては、花屋、豆腐屋、ケーキ屋、床屋などの店が続いている。これらの商店へは、北口からの橋は使えないので、タクシー乗り場へ降りる階段を使う。スーパー側にも、階段はあるにはあるが、これらの商店街とは反対方向に降りるためのもの。この北口駅前が元町一丁目となる。そして、駅の南口、北口合わせた清瀬駅周辺が、この街の一番の繁華街となっている。

清瀬市に関わる駅は、もうひとつ清瀬駅と所沢駅の間にある秋津駅がある。この駅は、所沢と東村山と清瀬の三市が交わるところにあり、秋津の名は東村山市秋津町からとったもの。清瀬市域は駅の南側が野塩五丁目で、北側が野塩一丁目となる。駅の南口を降りて清瀬方面に目をやれば、そこには、生鮮食料品の店が線路際にならんでいる。駅前には、コンビニがいくつかあり、九九円ショップもある。そのまま線路に沿って清瀬方面に向かい、踏み切りを越えると野塩一丁目になる。そのまま道なりに進むと、少し先の左側に幼稚園があり、その反対側にはスーパーがある。この道は、若者の姿が見られるが、それはこの道の六、七〇〇メートルほど先に、明治薬科大学があるため。大学がこの地に移転してきてから、まだ一〇年は経っていないと思うが、もうすっかり地域に溶け込んでいる。清瀬はこの二つの駅を中心に発展してきた。

清瀬駅の北口、南口、そして秋津駅の三つの商店街で、貴方が親しみを感じる順番はと問われたら、最初に清瀬駅南口、次は秋津駅、そして、清瀬駅北口は最後となるだろう。清瀬駅南口には、以前は大型スーパーがあったが経営不振で廃業となり、今はその跡地にマンションが建設中。そのため南口に大きな店はなくなったが、ミニスーパーといえるような店がいくつか営業している。ふれあい通りには、昔からの単品を扱う商店も健在で、なんとなく気持ちが和む。この南口には、通りを分断する道路の計画が進められているが、そうなったら、このあたりはどう変貌するのだろうか。

反対に北口は、大型スーパーができて買い物には便利なのだが、冷たい雰囲気を感じる。この北口は再開発を実施したところで、秋津駅南口は再開発ができなかったところ。これら三つの商店街に、お金をかけた順番をつければ、ダントツが北口で、次は南口、三番目が秋津駅だろう。

案内は道路にかわる。清瀬市は南北に小金井街道が、東西に志木街道が走っていて、二つの道路によって四つに区分けされる。小金井街道が清瀬に入ると、そこは松山で、その西側に竹丘、そして竹丘と松山の西側は梅園になる。これらは、何がめでたいのか松竹梅となっている。そして、小金井街道をそのまま北方へ直進すると、西武線の踏み切りを越え、やがて志木街道に交わり、そこが元町二丁目となる。ここらあたりが清瀬の中心になるだろうか。

元町の交差点から進路を東にとり、志木街道を行くと、順番に上清戸、中清戸、下清戸になる。下清戸が新座との境であり、この街道の右側一帯が米軍の大和田通信基地となっている。

基地全体に下清戸が占めるのは、三分の一ほどだろうか。そして、都県境の直前にある下宿入り口という交差点を左折し、そのまま直進すると旭が丘になり、その先が下宿になる。下宿の先は柳瀬川で、ここが所沢との境。今度は、二つの街道が交差する元町二丁目から、小金井街道を北に進路をとる。そのまま三、四〇〇メートルほどで中里となり、西側が一丁目と二丁目、東側には三丁目から六丁目となる。そして、その道をそのまま直進すると、柳瀬川にぶつかり所沢となる。最後の野塩へは、元町の交差点から志木街道を西に進む。この道の両側が元町二丁目で、道はやがて西武線の下をくぐるが、このあたりから所沢と東村山の行政境までが野塩となる。清瀬には全部で一一の地名がある。

3. 審議会は隠れ蓑に使います

一年ほど前に開かれた最後の審議会のことを思った。男が言葉を発している。男の名は水沢といい、審議会の会長をしている。

「それでは開会します。今日は最後の会議となりますので、答申の最終的な確認をします。お手元に文書を配布してありますが、ここに記載してあることは、前回までに論議しており、ある程度の結論を得たものです。本日は最終的なチェックをしていただくことになります。事務局で第一章から順次読み上げますので、確認をおねがいします」

いつもの事務的な水沢の話が続く。よくもここまで我慢を重ねてきたと思う。廃棄物対策審議会は月に二回ほどで、きまって午後に開かれる。会場は、市役所の会議室か、駅前にある市施設の一室。今日は最後の一二回目で、はじまってからもう半年ほどになる。最終回なので緊張しているのか、水沢の言葉の調子がいつもと違う。智茂子は、自分の考えを明らかにすることが委員の務めと思い、積極的に発言をしてきた。だが、回を重ねるにしたがい、発言の機会はだんだん少なくなり、一一回目の前回は、とうとう一言も発言できなかった。今日は審議会の最終回、もう我慢はしないで、譲れないことは譲れないと、必ず主張しようと思う。

智茂子の仕事はパートタイムなので、午後の時間を審議会にあてるのは、さほど難しくはない。ごみ問題の関心は人並み程度。市内には、環境問題の市民団体がいくつか活動しているが、智茂子は加わってはいない。ごみ問題は知識も経験もないので、審議会の委員をやってみないかと誘われたときは躊躇した。椅子に座っていて時々発言すればいい。会議は二、三時間で終わってしまうし、一回出席すれば、八〇〇〇円の収入となるから、一緒にやってみようと誘われた。時間給八〇〇〇円の身にとっては、審議会委員は悪い話ではない。会議のときはパートを休まないといけないが、ひと月以上も前から会議の日は決まっているので調整は可能だ。とうとう誘惑に負けて、引き受けてしまった。でも、誘ってくれた友人は、なぜか選考にもれている。

智茂子が行政と関わったのは、これが二度目になる。子どもの健康問題で、教育委員会に要請したことが最初だったと思う。でもそれはもう一〇年ほど前のこと。

審議会というものがどういうものであるかは承知している。政府もそうだが、地方自治体にも審議会や委員会という住民参加で、住民の意見を聞く会はいろいろある。でも、あまり信頼はしていない。そこでどんなによい意見が出ようとも、最後は、行政ペースにことが運ばれて、国や地方自治体が求める結果となるからだ。それなのに、国民や市民のご意見はこれこれこうですと、審議会の答申が錦の御旗になっている。国民や市民の意見を取り入れましたというのだが、その答申内容は、事務局の原案そのままということになる。

もっと手の込んだ場合は、最初はちょっとずらして案を出しておく。その後にあらかじめ打ち合わせた委員に修正意見を出してもらい、本来の内容に変更するということだってできる。清瀬市の場合は、そこまで手は込んでいないと思うが、やはり事務局提案の骨子は、変更させないだろう。

会議の運営方法はどこでも同じだ。この審議会も事務局が原案を提示し、その後に、委員おのおのが意見を言って進行し、最後に会長が意見をまとめる。原案の文言修正はいろいろあるが、基本的な考え方の修正はない。事務局は自分たちが提出した原案は絶対に変更させないぞという姿勢を見え隠れさせる。

水沢は一回の会議に一度、自分の意見を主張するときがある。そうすると、ここが自分の出番かと思って、一関という副会長が全体の意見を、水沢より、つまり事務局よりに誘導する。ふたりのコンビは絶妙だ。そのためか、最初は事務局案に反対していた委員も、ふたりの剣幕に押されて段々とトーンダウンし、いつのまにか自分の意見を主張しなくなる。会議の無味乾燥さが、発言の機会をだんだん奪ってしまうのだ。そうではいけないとは思うが、毎回のことなので気が滅入って、智茂子の発言も少なくなる。

審議会事務局は、市の環境部環境課になっている。説明の担当は課長で、その説明の言葉を聞きながら、智茂子の心は窓の外に向かう。市役所の四階にある会議室からは、のどかな田園都市風景が広がる。

ここから見る清瀬は、武蔵野の雑木林が良く似合う。街道に沿う屋敷林と、その背後に広がる畑作地がなんともいえない憂いを醸し出し、樹木のあふれる匂いが心を和ませる。ときには牛を飼育するあの特有の臭いが、風向きによって北に南に漂ったりする。智茂子たち一家が、この地に住んでもう一五年になるだろうか。土地感があってやってきたのではない。都心に勤める夫のために、通勤が便利で地価が安いところはないかと探していて、私鉄沿線の清瀬になったに過ぎない。今住むところは、駅からバスで十数分というところなので、格好な住まいになるからだ。

市役所から数百メートル南方には志木街道が走っていて、その街道の左右に屋敷林に守られた家々が点在する。そして、その後背地には畑作地が広がっている。この地のように屋敷と畑作地が短冊形に並んで散在するのは、近くでは、所沢市と三芳町にまたがる上中下の三富新田があるが、三富の方の規模はかなり大きい。上中下清戸という清瀬のこの地は、こじんまりしていて、三富の小型版にあたるのだろうか。

大正期に高橋源一郎により編まれた『武蔵野歴史地理』には、こう書かれている。「清瀬村は久留米村の北にある。上中下清戸、清戸下宿、下田、中里、野塩等の各里落より成る。北境入間郡との境に柳瀬川が流れ、其沿岸に若干の水田が開けて居れども、人家は大概高台の上にある。特に上中下清戸の如きは台地の真中である」

ここには下田が独立していて、七つ集落となっているが、今は下田の名はバス停だけになっている。そして、それらの集落の中では、柳瀬川沿いにある下宿と野塩が、古くから開けていた。平安時代初期に、各地に貧窮者や孤児などの病苦を救う「非田処」を置いたと記録があるが、野塩がその場所のひとつだという。でも、江戸時代の文化文政期に斎藤鶴磯が著した『武蔵野話』には、「非田所（処）は東村山市域になる久米川村にあった」と書かれている。自分の方に非田処があったと、野塩と久米川の主張は対立するが、結論は出ていない。

非田処があったというのは、この地が多摩と入間の郡境であり、人の往来が頻繁にあったからだろうか。でも、わかっているのはこれくらいで、多摩郡でも北多摩となる清瀬近辺は、文献も民家に残る古文書も、その量は比較的少ない。それでも『武蔵野歴史地理』『武蔵野話』のほかに、『正保（武蔵）田園簿』『武蔵名勝図会』など、武蔵国や三多摩全域を記載した地誌のなかに、この地域のことが書かれている。それらの数少ない文献のなかでは、『新編武蔵風土記稿』が知られていて、現在も基礎資料としてよく活用されている。この文献は、文化文政期の武蔵国の風俗文化を編んだもの。幕府の命により、各集落の名主や住職などの知識層が書き上げて提出したという。そして、その編纂には、八王子千人隊の人として知られる『武蔵名勝図会』の著者でもある植田孟緒が加わっていた。

八王子千人隊とは、八王子千人同心の幕末の名称。徳川幕府は、八王子を中心にした三多摩地域に、武士でもあり農民でもある八王子千人同心を配置した。千人同心は武蔵の国の多摩郡と入間郡が中心だが、相模国まで分布していたという。そしてそのなかでは、多摩郡では西多摩と南多摩が多くて北多摩は少なく、清瀬市域にはひとりもいなかったという。千人同心が配置されたのは江戸開府のころで、武田の遺臣が八王子付近に集まっていて政情が不安となっていたからだ。武田遺臣を慰撫して帰農させるという目的と、その武力で甲州口を守らせるためだったという。

『風土記稿』の内容については、土地所有に関することなど、一部に筆者たちに都合のよい記述が見られる。そのため、研究者が疑問視するくだりもあるが、今日も基本的な文献として重宝されている。武蔵国の範囲は、現在の行政では、埼玉県と東京都の全域、そして東京と隣接する川崎市全域と横浜市の三分の二ほどがその範囲。そして、その旧武蔵国に位置する現在の市町村は、自分たちが編む『市町村史』に、この『風土記稿』をかなりの頻度で引用する。

智茂子は中清戸に住む。この中清戸を含む上中下清戸という地名が、一七世紀半ばの正保年間の古地図に登場する。そのため、正保以前にすでに集落が形成されていたとの説があるが、でもそれは違うのではないかと思う。ここでいう清戸は、清戸下宿を中心とした清戸全体を示したもので、上中下清戸の地名は、時代がもう少し下り、この地域が開墾された後に誕生したのではないだろうか。上中下と機械的に名づけられているのが、そういう臭いをさせている。

開墾地としての課題は、肥料と水の確保だが、三清戸の肥料の確保は、屋敷林のクヌギ、コナラ、エゴノキ、ケヤキなどの落ち葉を利用する。堆肥化するとともに落ち葉を燃やして、土づくりに励んだのだろう。確保が困難なのは水の方で、「武蔵野の逃げ水」という言葉が残るほど、この武蔵野の地は水で苦労する。武蔵野の原野は、東と西に荒川と多摩川が流れてはいるが、二つの川の間には台地が広がり、その台地の中にはこれといった流れはない。今の武蔵野の発展からは想像できないが、近世にいたるまでは、この地域は、近在では最も開発が遅れていたところで、茫漠とした原野が続いていたという。掘兼の井や、七曲りの井が史跡として残っているが、これらは深井戸の跡で、「深くて掘りかねる」「急斜面を七曲がりして上下する」の意味から名づけられたもの。三清戸の開発でも水を必要としたはずで、その井戸はかなり深く掘ったのだろう。

この地域の原野の開墾は、野火止用水が開かれたことと関わってくる。多摩川の水を江戸府内に引くため、玉川上水が引かれたのが江戸初期のころ。野火止用水はその玉川上水を源とし、武蔵の原野を潤して平林寺に導かれ、新河岸川が終着地となる。その流れは全長二四キロほどで、今から三五〇年ほど前のこと。

玉川上水のことは、小学校の教科書にも載っていて、工事を担った玉川兄弟とともによく知られている。その玉川上水の水を三割分流させたのが、強大な権力を持っていた川越城主の松平信綱で、平林禅寺がその菩提寺になる。そして、その野火止用水は、平林寺近くになるといくつか枝分かれしていて、そのひとつに、清瀬市と新座市境を流れていた菅沢掘があった。その流れが三清戸をうるおしたのだろうか。戦後すぐのころまでは、炊事にこの用水の水を使っていたというが、当時は、きっときれいな水のはずだ。もっとも一家がこの地に来た頃は、用水は荒れており、その面影はなかった。近年になり整備が進み、水質も改善されて、近隣市民の散策の場となっている。ところどころで堰き止められ、色とりどりの鯉の姿が見られたりする。

4. アンケート結果に唖然となる

水沢の言葉で我に返った。議題は、指定袋制の問題に移っていた。審議会では、ごみの堆肥化のことや、環境教育という問題も話し合われていたが、なんといっても議題の中心になったのは収集の有料化であり、指定袋制だった。清瀬のごみ収集は煩雑だ。これまで有料化していたのは粗大ごみで、その他のごみは無料収集となっている。これら無料のごみは、電池や蛍光管などの有害ごみ、紙類やペットボトル、トレイなどの資源ごみに分類され、その他には、一般ごみが可燃ごみと不燃ごみに分類される。

これら、それぞれのごみは、それぞれ収集する曜日も収集する場所も違う。ごみを捨てるとなると、いったい何種類に分別すればいいのか、智茂子でもよく覚えきれない。目が回るほどだ。家族のごみ処理の指揮権は智茂子にあり、夫とわが子はその指揮下に入る。わが子の役割は、資源ごみと有害ごみの整理で、夫は、早朝に指定された収集場所まで運ぶのが役割。今日は可燃ごみ、明日は不燃ごみ、そして有害ごみに、資源ごみと、ごみと格闘することがすっかり日課となっている。

「はい。いま久慈さんからごみ収集の指定袋制は反対とのご意見がありましたが、ほかの皆さんはいかがですか」

事務局が提案する原案は、若干の論議はあったが、ここまでは全員の賛同を得ていた。はじめての異議申し立てだ。水沢は他の委員の意見を聞く。智茂子もみんなと同じに、疑問だと思ったものもあったが、最後には、ずるずると原案に賛成してしまっていた。でもこの問題だけは黙っていられない。指定袋制というのは、市が製造した袋を購入し、その袋を用いて可燃と不燃のごみを捨てることだ。指定袋以外の袋を用いて出したら、そのごみは収集しないという。でも本当に収集しないかというと、「原則として」という言葉がそこに加わる。指定袋でないので収集しませんという表示をして、出した人に持ち帰ることを促すという。でも一週間ほど経ってもそのままだと、指定袋ではない袋のまま収集することになる。いずれにしても、ごみを捨てるには袋を購入しなければならない。あらたな出費となってしまう。捨ててしまうことが目的のものにお金が必要だなんて、どうしても納得できない。

事務局は、有料化論議の資料にと、「市政世論調査」を出してきた。この調査結果は、有料化に賛成が四六・四%で、反対が二一・六%であり、市民の意向は有料化に賛成だというものだった。この調査の数字を聞いたときは、どうも不思議な思いがした。有料化の賛成者が反対者を上回るはずはないという思いだ。そして、そのアンケートの詳細を知ることにより、なるほどこれではそうなると、なぜか納得してしまった。

アンケートは、平成一一年八月に実施した、「第九回清瀬市世論調査」。その設問の第一六番目は、「ごみを処理するためには、収集・中間処理施設の運営・最終処分場の確保・リサイクル化など多額の経費がかかっており、ごみの増加にともないごみ処理経費は年々増加傾向にあります。これらの経費の一部を捻出するため、また、ごみの減量を促進するために、ごみ処理を有料化すべきとの考え方がありますが、これについてあなたはどうお考えですか」というものだった。

この長い説明からは、有料化賛成を誘導しようという意向が読み取れる。そして、もっと傑作なのは、選択する回答の内容だ。そこには、次のように書かれていた。

①「教育や道路整備、少子高齢化対策など税金を投入すべき施策は他にあるので、多額のごみ処理経費の一部を捻出するため、有料化してもよい」

②「下水道使用者が下水道料金として経費の一部を負担しているように、ごみを出す人が量に応じて費用を負担するのは当然だ」

③「ごみはいくら出してもタダ（実際は税金）という考えを改めないとごみは減らないので、有料化すべきだ」

④「他の施策に影響が及んでも、ごみ処理に優先的に税金を投入すべきで、有料化すべきではない」

⑤「わからない」
⑥「その他」
⑦「無回答」

そして、①と②と③が有料化賛成だとして、一一・九％、一四・六％、一九・九％の合わせて四六・四％。反対は④の二一・六％だという。

これがアンケート内容だ。あきれて何も言えなくなってしまった。これでは、有料化賛成を増やそうと、誘導していることが明白だ。

ここまでやる役所は、そうはないだろう。市民アンケートの趣旨は、市民がどういう考えを抱いているかを知ることだ。この質問は、特定の結論を導き出すためのもの。

「このアンケートは、賛成という結論を導き出すための設問になっていて、公平ではないと思います」

「賛成の設問が三つで、反対が一つなのはおかしい」

委員の一部から、アンケートを疑問視する意見も出たが、言うだけでしかなかった。

後日、このアンケートについて、はずかしくなることを聞いた。それは、同じ三多摩のある市で、清瀬市同様の審議会が開かれて、清瀬市のアンケート内容が参考資料として配布されたときのこと。「私たちの市では、清瀬市のように誘導質問はしません。市民の方々の考えを正確に知りたいからです」と、説明があったそうだ。

その市の質問はシンプルで、次の様になっていたという。
質問「ごみの有料化についてお伺いします」
①「賛成」
②「やむを得ない」
③「反対」
④「わからない」
⑤「その他」
そしてその結果は、賛成が①と②を合わせて四〇・四%で、反対は③の四七・五%となったという。清瀬市もこの市と同じような質問形式だったら、その結果はどういうものになっただろうか。

5. 反対意見にはジロリと睨む

事務局が提案している案でごみを捨て、週に三度の可燃ごみと、週に一度の不燃ごみを、それぞれ一つか二つの中型の袋にいれて出すと、一枚二〇円で、ひと月で五〇〇円を越えてしまう。大型の袋を使ったら、その倍の一〇〇〇円以上となるだろう。生活が厳しくなっているというのに、捨てるための袋にお金を出すのはもったいない。出費が増えることもそうだが、それに加えて、かえってごみが増えると思う。今までは、ごみはスーパーのレジ袋に入れて出していたが、今度はそのレジ袋に入れたごみを、もう一度指定袋にいれて出すことになる。指定袋の分だけレジ袋が減るなら理屈が合うが、そうはならないだろう。ごみ減量になるというのは、ごみを捨てるのにお金が必要となるからという考えだ。確かに、一年や二年の間は減量となるかも知れないが、数年で元に戻ったという例のほうが多いと聞く。でも、気になるのは、たくさん出す人には、ごみ袋をたくさん購入させることになり、それはある種の罰金となることだ。

指定袋制に違和感をもつのは、有料化するなら他にも方法があると思うからだ。ごみ処理料金として、一世帯あたり何千何百円と定めて徴収することだって可能なはずだし、有料のシールを、今まで使用していた袋に貼る方法だってある。これらの方法は、少なくとも、ごみ袋という新たなごみは生み出さない。

「私も指定袋制は疑問に思います。前回の会議でも申し上げましたが、ごみ減量になると言いますが、たいした効果はないと思います。他の市で実施した例を見ても、減量効果があるのは最初の二、三年です。その後は、また元の量に戻っています」

一般公募委員の宮古さんが発言をした。水沢は露骨に嫌な顔をする。審議会の委員は全部で一八名。公募委員はそのなかの三分の一の六名を数える。その委員の中では、いつも事務局提案に異議を唱えるのは、ふたりの女性の公募委員。残りの四人の公募委員は、発言はどうしても慎重になる。智茂子も慎重な発言をするそのうちのひとりだ。

公募以外の委員は、市民団体やスーパーなどの事業者と、公的団体から選ばれている。市民団体からは、自治会と消費者団体がそれぞれ二人で、他には商工会と青年経営者団体の代表数名、それに環境問題が目的の団体代表二人が加わる。公的団体から選ばれているのは、ごみの焼却処理をする柳泉園の課長と、清瀬市の部長。一八人の委員の中で、紐付きではなく自由に自分の意見を言えるのは、二名の公募委員の他にもいるはずだが、そうはならない。水沢は、他の委員に発言を促す。

「私も指定袋制には反対です」

とうとう黙っていられなくなった。水沢は意外な発言と思ったのか、智茂子をジロリと睨んだ。

「松岡さんの意見はわかりました。それではお聞きしますが、指定袋制に反対の方は松岡さんを加えて三人だけですか。他にはいませんか」

一人の男性が思わせぶりに手を上げ、なにやら話しはじめた。

「ごみを減量するためには何かをする必要がある。指定袋をスーパーや商店で、レジ袋として利用したらいい。指定袋を買わないでいいので、こぞってその店の商品を買うだろう。売上も増えるし。それに、袋に広告を入れてはどうだろうか。市の収入にもなるし」

会議で発言はするのだが、この人の発言を理解するのは苦労する。この日の発言はまだましな部類だが、次から次と言葉は出るが、論議としていることとは別のことを突然に話し出して、会議を混乱させる。この日は、指定袋制の賛否を聞いているのに、話を別の方にもっていこうとする。市民団体の代表をしているとの触れ込みだが、特定の政治グループに属しているようで、その命を受けて委員になったのだろうか。環境問題に造詣が深いと吹聴しているが、さほどのことはない。この北上という男性の発言がきっかけとなったのか、発言が続く。

「私は、ごみ減量のために分別して出しているが、努力せずに可燃ごみの袋に雑誌や新聞を入れて平気の人がいるが、注意してもかえって怒られてしまう。そういう人のために罰則を加えてほしい」

「私たちはリサイクルに努力しているが、努力しないで安易に出す人がいるので不公平だ」

「行政境に他市のごみが捨てられていて困っている。見つけたら注意して、捨てさせないで持って返させたらいい」

次から次と、指定袋制を実施すべきだという根拠が語られる。これらの発言をする人は、団体代表という人が多いが、なかには公募委員もいる。智茂子は、この公募委員と団体代表の中の一群に、自分とは異なる感覚をもつ人たちを見る。ごみ問題や環境問題に特別熱心な人たちのことだ。この人たちからは独特の体臭を感じとる。ごみ問題や環境問題に生きがいを感じているかのように、熱心に発言をする。悪いことではないが、ごみを減量し、地域の環境をよくしようとすることに、これほど熱心になれるのは、なぜなのだろうかと考えてしまう。

智茂子は、ものごとの絶対性というものは認めない。絶対正しい、絶対安全なのだということではなく、相対的に正しい、比較的安全だ、これとこれの比較ではこちらがというように、ものごとを相対的に考えてきた。夫との関係も相対的だ、智茂子一家の主たる生計維持者は夫であり、夫の稼ぎで生活している。でも、だからといって、自分は夫に従属しているという考えはない。また、二人の関係は対等か上下かというものでもない。二人の関係は次元の違うものだと思っている。それぞれが優位に立とうと努力をし、いい意味で闘ったときもあったが、その闘いに勝者はなかったというのが結論だろうか。

闘いのエピソードは事欠かない。玄関先に掲げる表札ひとつでも起こり得る。引っ越したばかりのとき、夫は、表札に自分の名前だけを掲げようとした。智茂子の存在を無視して行なおうとしたものではないが、この夫の行為は許せなかった。生活しているのは夫だけでなく、家族もいるのだということを理解させなくてはいけない。表札を掲げるならば、どちらかといえば夫の名より、智茂子の名や子どもの名を掲示するほうが理に適う。地域社会に関わり、根を張っているのは智茂子や子どもなのだから、書くのならば、その名こそ書くべきだと諭した。

家族のなかでは、夫との闘いを通じて、ごみ処理に関する指揮権は智茂子に委ねられる。家族はごみの分別もそれなりに行ない、ごみ減量に努めてきたが、確かに近所にはまだいいかげんに捨てる人がいる。でも努力をしていない人と自分を比べてみても、努力をしていない人には、ごみ減量に努力してほしいとは思うが、不公平だという思いはない。行政境を越えてごみを捨てる人がいることについても、困るとは思う。でも、監視までして捨てさせないようにしようとは思わない。ごみを監視することに、それほど熱心にはなれない。それは、ごみというものの向こうに、社会というものが見えてしまうからだ。

この社会にはいろいろな人がいる。その一人ひとりに、一人ひとりの「ごみ生活」があるのではと考える。それに、ごみ問題に熱心になる前に、熱心にならなければいけない課題がたくさんあるからだ。ひとり住まいの高齢者や、障害を持つ人の場合は、どういう思いでごみを捨てているのだろうか。ごみを何種類にも分別し、その分別したものを、指定された日に指定された場所まで持っていく。人によっては、一つひとつの動作が、大きな労苦を伴うことだってあるはずだ。ひと括りにして、分別ができていないとか、出す場所や曜日が違うとか、監視し、怒鳴ることなんて、智茂子にはできない。でも、この自分とは異感覚の人たちが、ときには世の中を変革する力を秘めていることも知っている。ものごとに拘らずに、がむしゃらに行動することが、強く大きな壁に錐の穴を開け、やがてその穴が大きくなり、最後にその壁は崩壊するということを。

6. ゴミ袋は、みんな違ってみんないい

清瀬市のダイオキシン条例制定と、その修正の原動力になったのはその錐だった。清瀬市は、産廃の処理場が多い所沢市に接し、しかも、年間を通じて北風が吹くために煙の落下地点になり、ダイオキシン汚染が心配されていた。でも市の対策は遅々として進まない。独自調査は予算がないとして実施しないし、条例制定も、「絶対しない」と断言していた。

その行政が、調査を実施して条例制定に傾くのは、ダイオキシン汚染に関心を持つ一群の人たちの力だった。環境問題の市民団体を結成して行政に働きかけたため、頑なな行政も、とうとう条例制定を約束した。しかも、一度定めた条例案を、これらの人々の行動により修正することにもなった。

ひととおりの意見表明は終わったみたいだ。水沢が発言をする。

「委員の皆さんのご意見はわかりました。反対という方もいらっしゃいますが、大多数の方は賛成ということですね。審議会としては、可燃ごみと不燃ごみの収集を有料化して、その方法を指定袋制にするという結論にします」

「ちょっと待ってほしい。賛成多数で指定袋制を決めるのは仕方がないが、少数意見を尊重してほしい。審議会の答申に、指定袋に反対という少数意見の併記をお願いしたい」

指定袋制は反対と、最初に表明した久慈さんが発言した。

「少数意見をいちいち取り上げたら答申とならない。多数決で決めたんだから納得すべきだ」

この発言は、何でも賛成の副会長の一関。ここでもその任務を果たそうとする。智茂子は驚いた。最初の会議の席で、多くの書類といっしょに『廃棄物対策審議会設置条例』という資料も配布されていた。確かその条例の条文には、少数意見の取り扱いが書かれていて、少数意見は答申に加えなければならないという記述があったはずだ。宮古さんが事務局に聞いた。

「少数意見の併記は認めていますよね。条例はどうなっていますか」

事務局を担っている環境課長は、智茂子の記憶していた内容どおりに、その条文を説明した。

「確認しますが、宮古さんのご意見は、指定袋制に反対でしたね。その反対だということを、少数意見としてほしいということですね。それでは皆さんにお聞きします。宮古さんの意見を少数意見としてとりあげてよろしいでしょうか」

水沢が発言をした。するとどうだろう。それを合図に、あちこちから反対、反対という声があがる。

頭の中は混乱する。少数意見は、それを主張するのが少数なのだから少数意見のはず。少数意見として認めるかどうかの賛否を問うのなら、少数意見は認めないという方が多くなる場合だってある。これでは、小数意見は成り立たない。少数意見を認めてあげるという、多数者の寛容の精神にゆだねる以外は、その存在は認められないことになる。智茂子は、もう我慢できなくなった。

「少数意見として認めるかどうかを聞くことは、おかしくはありませんか。多数決をとったら少数になってしまいます。少数意見というのは、その意見を言った人が少数意見だと主張したら、少数意見ではありませんか」

智茂子のこの発言は理解されたかどうかわからない。でも反対、反対という声は止んだ。

「わかりました。少数意見として扱います。しかし、扱いの方法は会長に一任させていただきます」

最後の審議会があってから二週間ほどして、『審議会答申——資源循環型の社会づくりのために』という文書が送られてきた。審議会が一二回の審議の結果をまとめたものだ。

その答申は、全部で三〇頁ほどの分量だが、半分以上はごみの排出量や、ごみの組成分析、審議会の条例、委員の名簿などになっている。答申の実質的な中身は数ページしかない。気になっていた指定袋制のところを読んでみた。そこには、指定袋の必要性と、指定袋の取り扱い方法が記載されていた。しかし、いくら注意して読んでも、あれほど問題となった少数意見は書かれていない。本文にはなくても別紙にあるのではと思ったが、別紙そのものがない。水沢が審議会の会長として約束した「少数意見として扱うこと」は、反故にされたようだ。

答申の内容は他に、「環境教育はどうすればよいか」「堆肥化促進計画」「リサイクルの推進」「行政がすべきこと」の項目が書かれてあった。でもこれらは、答申があろうとなかろうと、すでに行政が計画中のものであり、すでに実施しているものでもある。智茂子は、その中の一部に疑問に思ったものもあるが、あえて反対しなかった内容だ。答申の眼目は、やはり収集の有料化であり、指定袋制なのだろう。文書には、指定袋制の必要性として、「ごみを安易に出す人と、リサイクルや減量に努力する人との間に不公平感が生じ、努力する人が報われないでいる」「行政境や幹線道路の排出場に他市住民のごみが出され、管理している住民は迷惑」「ごみ袋は色、材質、大きさなどが様々で乱雑である。統一化することにより生活環境が保全される」と書かれていた。でも、これらの理由とされるものは、やはり違和感を覚える。

努力している人と努力していない人との間に、不公平なんてあるのだろうか。行政境のごみの侵入も、侵入される側は、ときとして侵入する側になることだってある。どっちもどっちだ。責任を問うなら被害を受ける住民ではなく、行政のはずで、これは住民に責任を転嫁しているだけだ。現状のごみ袋の色や材質、大きさのまちまちなのを問題視するにいたっては、ブラックユーモアではないかと思った。この問題を取り上げることに固執したのは一関。人間にも個性が求められているのだから、物にもごみ袋にも、個性があってもいいのではと思う。どう考えても理解できない。ごみ袋は、赤があり白があり黄色があれば楽しいし、大きさがまちまちなのも愛嬌で、みんな個性的で許してあげたい気分になる。一関は、色や材質、大きさが統一されないと、生活環境が悪化すると思うようだ。こんな内容が、答申に入るなんて思わなかった。それが、ちゃんと書かれている。みんながおかしいのか。それとも智茂子だけがおかしいのだろうか。

智茂子は、思いきって水沢に電話をした。少数意見の扱いはどうしたのかと聞く。水沢は、答申の提出先である市長へは、口頭で伝えたと答えた。

7. 橋は、入り口あって出口なし

清瀬市駅の北口はロータリーになっていて、その中ほどに、武蔵野の雑木林を模した小さな緑地がある。どこの駅前も同じだろうが、そのロータリーにはバスの発着場とタクシー乗り場がある。でも近年多くなっている自家用車が停車するスペースはない。送り迎えの車は、駅に来てほしくないようだ。

この北口一帯は、市が実施した再開発によって生まれ変わったもの。完成して七、八年になるだろうか。それまであった商店と住宅が取り壊され、道路が整備され、二つの再開発ビルが建てられた。ロータリーの向かい側には大きいビルがある。そこには、地下一階から三階まで大型スーパーの西友が入り、四階は市の図書館と書店が入っている。そして五階より上は住宅公団の分譲住宅となっている。

もう一つの小さい方のビルは、一階がパチンコ屋で、一階の一部と二階・三階が銀行となっていて、四階から七階までが市の施設となっている。男女共同参画センター、社会教育課の事務所、講座・学習施設などだが、これらすべてが市民要望の結果というわけではない。その半分ほどのスペースは、民間への売却を考えたが、買い手がなくて、仕方なく市が確保している。このように、小さいビルは、教育施設と遊戯施設のパチンコ屋とが同居するという不思議な光景。でもそれは、パチンコ屋が再開発前から駅前で営業していたためで、これまでの営業権で一等地を占めることになったもの。

清瀬駅北口は、バスとタクシーの乗り場があり、スーパーがあり、パチンコ屋があり、銀行があるという、どこにでもある風景。あえて特徴を探せば、全体がこじんまりしていることだろうか。これは私鉄の駅特有の姿だ。旧国鉄の駅だと、駅前の賑やかさは別にして、もっと大きくつくられている。ここには緑地に接して噴水があり、これが特徴のないなかのもうひとつの特徴になる。でもそれは、ロータリー全体が小さくなっているので、風が少しでも吹くと、通行人に噴水の飛沫がかかる。そのためか、その勇姿はなかなか見られない。

一方の南口はというと、ここはバスとタクシーのためだけのスペースがあるが、それは、駅前の最小限の機能を果たしているだけのもの。それに加え、ここでもパチンコ屋がやけに目立つ。駅前の左右にひとつずつあり、横道に一歩入ると、それに数軒加わる。

清瀬のことでよく聞くことのひとつに、工事のやり直しがある。建設工事などで、実施してお金を使ってしまってから、間違いだと分かってやり直しすることだ。当然だが、余分にお金がかかる。この北口と南口の工事のことでも、そんなやり直しがいくつかある。市民のお金を預かり、市民のためのサービスを行なうという意識に欠けているからだろうか。

市民は会社や個人で仕事をして、生活費を得ることに必死だ。そしてその過程で少なくない税を負担する。一方の役所は、黙っていて入ってくる税金を、いかに使うかが仕事になる。役所は、職員も、議員も、そして市長も、市民の税金から糧を得ている公僕のはず。市民がスポンサーなのだが、どうも主客が転倒しているようだ。

南口が現在の姿になったのは、五、六年前だと思う。そのときに通路が拡がったのだが、そこに動物の置物やら椅子やらがいくつか置かれた。そして、それらは通路の端ではなく、真中あたりの人の歩く位置にあった。芸術性とやらを追求したとのことだが、通路にこんな物体が出現したのでは、人が躓くのも当然のこと。そのため苦情が殺到したのだろう。動物と椅子に移動を願い、今は反対側の北口のミニパークにその姿がある。このエピソードなどは、笑えるものだろうが、笑えないものもある。それは、ペデストリアンデッキとかいう橋のことだ。

この橋は、駅の改札口からスーパーの二階に直接つながっているのだが、その出入り口で傑作なことがあった。橋なので、地上に降りるにも、地上から橋に登るにも階段が必要だ。これはあたりまえのこと。でも最初の設計図では、階段は新たに一ヶ所設けられただけだった。改札口を出て、右側にあるバスの発着場との連絡のため設けられたもの。その結果、従来からある階段も使えるので、改札口側は左右に階段があるので便利になる。でも、その反対側、スーパー側には、階段がひとつもなかった。これは、入り口はあっても出口がない、出口はあっても入り口がないということになる。階段がないということは、橋があってもスーパーの二階に入らないと外に出られないし、スーパーの二階からしか通れないということだ。スーパーが休みのときや、営業時間以外は、橋はその役割を果たせない。

橋は、再開発の最初の計画にはなかったという。ビルに入るスーパーが西友に決まった後に、そのスーパーが入る条件のひとつとして設けられたもの。それにしても、スーパー側に階段がなかったということは、ビックリだ。これでは市民のためではなく、スーパーのために造った橋ということがばれてしまう。この計画は、基本的な設計段階で示されたもの。問題を指摘されて階段をつけるように求められたが、消防法の制限があり設置できないと説明したという。でもその後に、なぜか階段が造られている。基本設計をやり直したので、追加設計料として八〇〇万円を余計に使ったそうだ。

橋の建設も再開発事業のひとつだが、この再開発そのものにも、いろいろなことが聞こえてくる。ある人物が片手を示して、五億円のお金が動いたという話しをしていた。これは大きな話。この種の話は、いろいろな人から、いろいろなことを聞く。でも、何が本当のことで、何が噂で終わるのかはわからない。事実であるのは、最初は、隣の秋津駅前が再開発の候補地となったということと、その後に地主側といろいろトラブルがあり、清瀬駅北口に変更になったということだ。

再開発中止で、市と地主はお互いを批判する。市は「地主が反対したので、再開発ができなかった」といい。地主側は、「市が約束を破った」という。どちらの主張が正しいのか、智茂子は知らない。でも、再開発事業は、市や都の税金が大量に投入され、建物の建設や道路工事に多額のお金が動き、いっしょに利権も動く。民間の実施を一度は認めた市が、突然に市で実施すると決める。でも地主は約束が違うと認めない。そしてその争いは、秋津駅側の地主は負け、清瀬駅側の役所が勝ったということだ。利権はだれの手に落ちたのだろうか。この大きな話をしていたのは、すでに亡くなった西隣の東村山市の元市議会議員。この方は、近在の情報通のひとりとで、だれにいくらわたったかまで話している。本当だろうか。

小さなものはというと、再開発事業を担当した市職員のことになる。当時はバブルの最盛期ということもあって、この担当した職員は、たいそう羽振りがよかったそうだ。業者からの付け届けや、業者持ちの酒食の席が連日だったという。これは、その職員と中学校の同級生だったという女性の話。

再開発では、土地を持っていた人、建物を持っていた人、あるいは建物を借りていた人と、権利関係が複雑なので、いろいろな立場の人がいたが、バブルの絶頂期だったので、それらの権利は高額に評価されている。そのため、それほどの不平・不満は聞こえてこない。でも一部には、特別に優遇された人がいたという。それは、よくある「ゴネ得」ではなく、「コネ得」のこと。市の幹部職員とコネがあった人のことだ。それに「ほんそん」の人間でないとだめで、清瀬へ最近来たものは仲間に入れてもらえない。

ほんそんとは本村のことのようで、下宿、中里、野塩と、上中下の清戸を加えた六つの集落のこと。そして、その集落に先祖代々住んでいる住民のことを本村の住民という。では、どのくらい昔かというと、明治、大正はまだまだで、江戸時代まで遡らないとだめだという。智茂子のように、その人の代にこの地に住み着いた人間は、当然なことだが、その仲間に入れてもらえない。それらの人はひっくるめて、「きたりもの」とか、「きたれもの」と言われているが、「きたりもの」という表現が多いようだ。それは、来たり者と書くのだろう。

各地域には自治会があるが、その中には、本村の住民だけで組織している自治会がある。その自治会には、来たり者は入れてもらえない。地域にはそれぞれの祭りがあるが、本村地域では、来たり者を祭りから排除する。そんなことをすれば、それは、その本村の文化なのだと、毅然としてればいいことだ。でも、ことが子どもたちの場合となると、ちょっと厄介だ。

智茂子が暮らす隣の集落のこと。その集落で行われる神社の夏祭りには、本村の子どもたちしか参加させないという。祭りの神輿は、来たり者の子どもは担がせてもらえない。本村の子どもたちには揃いのハッピを配って、そのハッピを目印にして、そのハッピを着た子どもたちにしか担がせないのだという。

いくつかの本村に残る「塞《ふせ》ぎ」という行事もいろいろ考えさせてくれる。これは、疫病や悪霊などが村へ侵入するのを塞ぐとともに、豊作祈念のため、藁で大蛇などを作って祭る風習のこと。地域の文化として貴重なものだとは思うが、塞ぎは、別の意味では、よそ者の侵入を塞ぐことにある。人により疫病が伝播し、人が悪霊を呼び込むから、よそ者が村へ入るのを警戒したという、その名残だろう。来たり者にとっては、本村の人たちが、この風習を嬉々として行なっているのを見ると、落ち着かなくなる。清瀬に来るな、清瀬から去れと、言われているような気がする。市役所でもこれとおなじような差別が起こっているが、それはもっと深刻なものになる。

最近は、中学校では学区外への通学もそれほど難しくない。交通事情や、学校のクラブ活動などの関係で、学区を越えての通学が認められる。だが、その扱いも本村の子どもと、来たり者の子どもでは違うようだ。自分の子が学区変更を希望する場合は、その子の保護者が教育委員会に出かけ、担当者と話しあう。そして、その際に担当者から、本村出身者かどうかを聞かれるのだという。本村の人間だと、教育委員会の対応もちがったものになるのだろう。

本村のなかでは差別がないかというと、それはそれでいろいろあるようだ。集落の寄り合いでは、その席順もちゃんと決まっていて、「だいじん」といわれる家の人間が、上座を占めるのだという。このだいじんは大尽と書くのか、大人と書くのかは知らないが、だいじんの意向には逆らえないのだという。また、こんなこともある。夏祭りの踊りの会があるが、揃いの浴衣を着て、踊りの会に参加できるのは、長男の嫁だけなのだと、次男の嫁が話してくれた。

8. ごみ袋の上前はねる有力者

あれほど混乱したごみ収集も、六月の実施から七月、八月、そして九月となり、落ち着いてきた。もっとも落ち着くのが当たり前のことで、ごみ収集袋の買占めは似合わない。ごみ袋は、価値を生み出すのではなく、所詮捨ててしまうものだから、いつでも必要な大きさの袋を、必要なだけ買えてあたりまえのこと。ではなぜ、袋が足りないなんていうことになるのだろうか。

智茂子は、気になっていることがある。それは、袋の販売をしている商店で聞いた話だ。その商店主は、顔見知りの市民が袋を配達しているので驚いたといっていた。市役所にどうして彼が配っているのか聞いたら、「その市民が配達をしていることは知っている。でもそれは業者が依頼していることで、市は関係ない」との説明だった。

この市民は審議会の委員をやっているそうだ。といっても廃棄物対策審議会ではなく、他の審議会だ。この審議会の委員は、智茂子のように公募委員はいないので、その委員だということは、行政と近い立場にいるということになる。そして、そういう人物が市に関わる業務をするのは、市と特別関係が深いということだ。市と委託業者との関係がどうもおかしい。民間に委託するときは、入札をして委託先を決めているはずだ。特定の市民が配達をしているならば、この市民は委託業者の下請ということになる。それとも、委託業者は名目だけで、その市民が実質的な委託先なのだろうか。

もうひとつ気になることは、水沢のことだ。答申書に少数意見が記載されていないので、どうしてなのかと尋ねたとき、「市長へ口頭で伝えた」と言った、審議会のあの会長のことだ。審議会が終わったので水沢の役割も終わったはずだが、その後も審議会の委員数人といろいろと相談していた。久慈さんと宮古さんのふたりに智茂子を加えた三人は、審議会の中では少数派。答申の原案に注文をつけたので、相談には与からない。少数派にではなく、水沢と副会長の一関に連なる一連の委員と相談していたのだ。断片的だが相談の中身は聞こえてくる。

審議会答申の眼目は、ごみ収集の有料化であり指定袋制だが、それに加えて、「環境教育」と「リサイクルの推進」がある。この答申の内容にそって何かできないかということのようだ。そして、何かをすれば、そこには市のお金が動く。

ごみ収集の指定袋制が実施されて四ヶ月後の一〇月、智茂子に一つの案内状が送られてきた。そこには、「市民環境学校発会のご案内」と書かれていた。智茂子も審議会の委員のひとりだったので、案内状が送られてきたのだろう。


「それでは開会します。司会進行は、私、一関がおこないます。最初に本学校の会長がご挨拶を申し上げます」

ここでも審議会の副会長の一関が、ちゃっかりいつもの指定席にいる。そして、会長には、これもあの水沢が席を占めている。学校だから校長だと思うが、この場合はなぜか会長だという。智茂子は、会場の隅に目立たないように座る。

「本学校は、市民の方々に、いかにして環境問題に関心をもっていただくか、研究し実践する場です。市のご理解をいただき本日、発会の場をもつことができました。学校を代表して、市長をはじめ関係者に感謝します」

水沢の話の後は、市が関わる会のいつものパターンで、市長の挨拶と議長の挨拶が続く。そういえば水沢は、なにかとこの市長との関係を吹聴していた。環境問題に関してだけだろうが、市は自分の主張どおりになるのだという。この市民環境学校とやらも、この水沢が市長に掛け合って事業化したのだろうか。この事業は、その関連経費の総額で一〇〇〇万円近い。市の全体の予算からすればどうということのない額だと思う。でも、規模が小さく、しかも財政破綻寸前だという清瀬市にとっては、その負担は大きくなる。しかも新しい事業が難しいなかでの予算化なので、ちょっとびっくりだ。

市がごみ収集有料化の根拠にしたのが、ひとつは、誘導尋問そのものの市民アンケートであり、もうひとつは、審議会の答申ということになる。そのため、第一の功労者を挙げるとすれば、審議会会長だった水沢になるだろう。水沢のそのぐらいの求めは、許されるということだろうか。

環境学校は、子どもたちも関わっている。学校で環境問題に対する作文やポスターを募集しており、この日には、その入選者の表彰も兼ねていた。

「はじめてのことなので、ご迷惑をおかけしました。来年再来年と少しずつよい会にしたいと思います」

表彰を受けた子どもの名前の読みが違っていたので、会はざわざわする。運営がかなりいいかげんの様子で、それでもこの会は今年だけではなく、来年以降も続けるようだ。会場は、小さい方の再開発ビルの最上階で、学習施設のホール。でも設備が整っていると思っては困る。グランドピアノはあるが、あとはいつも故障している最低限の音響機器だけ、この日の音声も聞きにくい。

水沢が関わっているのは、この環境学校の他に、市民バザーの運営や、環境講座などがあって、それぞれに予算がついている。金額は数十万から数百万円ほどだが、それぞれの担当者が審議会の委員と重なっていて、これもなかなか考えさせてくれる構図だ。

「水沢さんからお金をわたされたが、びっくりした。もらっていいのかしら。環境講座といっても、まだ何をするかは決めてないのに」

審議会の委員をやっていた方が、ある友人にこんな相談をしている。その話がぐるぐる回って、智茂子までやってきたのだ。領収書が必要なので、名前を書けという。このお金も、水沢が自分で「ぶんどった」予算の一部なのだろう。

「あんなに協力したのに、これでは少なすぎる」

何か勘違いをしているのか、委員だった人のこんな言葉も聞こえてきた。環境講座やバザーに使うお金は、市のお金であり、それは税金という市民全体のお金のはず。一部の人で山分けしているのではなく、議会で決めており、合法的にやっているのだろう。不思議な思いがする。

智茂子は、子どもたちの地域文庫に関わっている。文庫の場所は、地域の高齢者のための憩の家の一角で、無償で提供してもらっている。でも、その文庫の運営経費の補助金は、今は、バッサリとカットされている。市は、市立図書館を活用すればいいとの理屈なのだが、幼児の足では遠くて危険だという地域の事情もある。そのため、本を購入するなどの費用は、自分たちで会費を集め、バザーを実施し、どうにか捻出する。市は財政難のために役割の終わった補助金を削減したというが、子どもたちのこんなお金まで削ってしまう。文庫が発足してから続いていた補助金だったが、そんなものなのかと思っていた。それなのに、あたらしいこれらの補助金は、どうしてこうも簡単に支出されるのだろうか。気になってしかたがない。

9. あいつめ、一生恨んでやる

九月になって議会が始まった。議会には一般質問という制度がある。議員が、市長をはじめとした幹部職員に、市政一般について質問するのだが、それで一般質問というそうだ。袋の問題でこれほど混乱したのだから、議会でも論議があるのではと思う。智茂子の議会の傍聴がはじまった。

「委託契約書の第五条は、第三者への再委託を禁止しています。業者へ問い合わせましたが、業者は袋の製造は商社を通じて韓国でおこなっていると聞きました。第五条に違反していると、業者が自ら明らかにしています。このことは、担当部長も市民の方々の前で同じ発言をしていますね」

市と業者が委託契約を交わしており、その契約の中身は、袋の製造とその配達となっている。質問が続く。

「袋の配達はある市民の方がおこなっています。市の理事者の皆さんもご存知の方ですね。委託業者に聞きましたところ、この方は、会社の人間ではないし、ボランティアでしているのでもなく、お金を払ってお願いしていると答えていました。もっともまだ始めたばかりで、支払いはしていないが、時期がくれば支払うというものです」

この業者は楽器メーカーの子会社で、自分のところでは製造工場を持っておらず、外部に発注しているとのことのようだ。

議会は、市役所の四階の議場で開かれている。智茂子たちが占める傍聴者席は、議員の席より一段高いところにある。席の数は全部で三〇人分ほどあり、席の三分の二が埋まっている。議会の傍聴者は少ないと聞いたが、かなりの人数だ。ごみ問題に関心があるからだろうか。発言している議員は、南部議員。傍聴者のほとんどは黙って質問を聞いているが、そのなかのひとりの方は、何やら質問が気にくわないのか、さかんにやじを飛ばしている。

「黙って聞け」

やじを飛ばしている人に、同じ傍聴者の中からやじが飛ぶ。

「委託業者は卸売業ですので、当然外部発注は行なわれますし、契約違反にはなりません。また、配送について私どもが把握しているのは全く逆で、受託業者の社員が配達しています」

担当部長の答弁だった。この発言は意外なものだった。話の内容は業者の委託契約書に、第三者への再委託を禁止している項目があるが、しかし、業者は、商社という第三者に再委託をしているので契約違反だという。非常に分かりやすい内容だ。問題になるとしたら、業者が再委託をしていることを認めるかどうかだ。それこそ第三者である一議員が知れることではない。業者が自分の会社で造っているといえばそれまでで、その真偽を確かめられはしない。でも市によると業者は外部発注しているという。それなのに、卸売業なので契約違反ではないという。わかりにくい論理だ。

智茂子には、部長のこの発言は理解できなかった。南部議員が言うように、卸売業だから再委託が許されるとは、契約書には書かれていないようだ。それに、契約しているのは袋の製造と配達であり、卸売という業務内容を委託しているのではない。こんな答弁が認められてしまうのだろうか。

「ブローカーとはなんだ、あいつめ、余計なことをいいやがって、一生恨んでやる」

傍聴者席からうなるような声がした。先ほどからやじを飛ばしている人だ。南部議員が、ブローカーが介在していると発言したからだろう。智茂子は理解した。この人が袋の配達に関わるあの市民なのかと。

智茂子は質問をしている南部議員とは、特別の関わりはない。支持者でもないし、選挙でも南部には投票をしていない。名前ぐらいは知っていたが、何をやってきたのかも知らなかった。それとなく知ったことは、南部と中野議員が同じ会派で、二人はもう一〇年ほど前に、社会党を離党か除名ということになり、現在は無所属とのこと。でも、傍聴を続けていると、今はその立場もわかってくる。市議会で与党も野党もないということは理解しているが、ごみ問題の質問を聞いていると、南部は、行政に対してはかなり批判的のように思える。現職市長は保守系なので、共産党も野党ということになるのだろうが、清瀬の場合は、ちょっと違っていて、野党とは思えない。共産党の行政批判は表面だけのようだ。議会を傍聴し続けているので、そこまでは読みの範囲となる。

南部の発言を聞いていると心配になる。そこまでやると後が怖いと思うからだ。議会という業界にも業界のルールがあり、なあなあで済ましてしまうことがいっぱいある。きれいごとばかりでは、火の粉が降りかかるのは南部ではないかと思うからだ。相手の逃げ道を塞ぐと、自分の逃げ道もなくなってしまう。

清瀬市には、大きな会社もなく、ましてや大工場はない。会社そのものも少ないのだが、その数少ない会社のなかにトーヨー梱包がある。この企業は、市に対してかなりの発言力があり、どうもごみ袋に一枚噛んでいるようだ。智茂子がＰＴＡの役員をしていた中学校の近くにこの会社があるが、こんな経験をした。この学校に隣接して公有地があり、その空地はPTAの駐輪場となっていたが、あるときから民間駐車場にかわっていた。中学校の道をはさんで向かい側にあるトーヨー梱包の所有地となっていたのだ。空き地といっても公有地であり、公平な入札をして売却したのだろうが、入札参加者はその企業だけだったという。これも不思議なことだ。

「お前がトーヨー梱包とつるんでやったことだろう」

黙って聞けと、ブローカー氏を制した男が、そのブローカー氏に同意を求めるように言う。

「なあ古川さん、そうだろう。あんたが袋に絡んでいると言ったら、そりゃ、きっとトーヨー梱包も一枚かんでいるはずだと、市役所の職員が教えてくれたよ。委託企業は名前を貸しているだけだろう」

このブローカー氏は古川という名のようだ。

「袋が間に合わないので、下関まで出かけて受け取りに行ったと聞いているぞ。関釜フェリーで運んだのだろう」

智茂子にも、少しずつわかってきた。ごみ袋が足りないなんていう混乱は、まともな企業が担当していたら起こるはずはない。では、実際の入札は、この古川という人物がおこない、製造と配達も担っていたのだろうか。そして、少しでも安くと、韓国で製造したのだろうか。混乱の背景も見えてくる。

常々考えている。現実と法律の問題だ。法律以前の良心の判断が求められることは別にして、法律があって現実があるのではなく、現実があって法律があるのだと思う。そのため、現実と法律に乖離が生まれた場合、現実が良心に反しないならば、現実に沿うように法律を変えればよいことだ。手続きに類することなどはその典型だろう。袋の製造と配達だって同じことだ。建物や道路などの公共事業では、一次、二次の下請けは許されるが、丸投げは禁止されたりする。袋の製造に関することでも、場合によっては、再委託は許されるだろう。卸業者が製造という業務を受注したって問題はないはずだ。それならば、契約書に再委託を禁止するという条文を入れなければいい。袋の製造と配達の契約書にある再委託禁止の条文を、削除すればいいのだ。南部議員が契約違反だと主張するのは、契約書に「第三者への再委託を禁止する」という条文があるからだ。

でも疑問なのは、その契約書には、どうしてなくてもよかった条文が入っていたかだ。傍聴席でひそひそ話されていたのは、建設関係の契約書があって、それをそのまま雛型として使い、たまたまそこに再委託の禁止という条文があったのだという。単なる文書管理の問題になる。清瀬市は、文書の管理でしばしば問題をおこす。パソコンの普及で電子化され、行政の文書第一主義もちょっと雲ゆきが変わってきたが、それでもまだ行政事務の根本は文書となっている。

良くも悪しくも、文書によって行政が動いている。それが清瀬市では、まともな文書管理ができていない。監査の問題などはその典型なのだろうか。

市にはふたりの監査委員がいて、財政監査をするのだが、法律で定められた監査を実施していないことが判明した。それに加えて、監査をしたという証拠の文書類は、その過半が行方不明になっていた。監査委員が監査しないというのは不思議なことだが、その理由というのも不思議なものだ。本職が税理士の監査委員は、確定申告時だったので仕事が多忙だからというのが理由で、もうひとりの議員の監査委員は、法律を知らなかったと弁明する。智茂子は、南部が発行している『市議会ニュース』で知った。

一口に監査といってもいろいろあると聞いている。智茂子にはよくわからない領域だ。でもPTAの会計監査を考えればいいのだろう。PTAの総会では会計監査から、「帳簿類を精査した結果、異常はありませんでした」と説明がある。あれである。

智茂子は、審議会や公聴会というものは信用しない。国でも地方でも、この種のものが流行る昨今だが、行政の意思に反する結論にはならないからだ。そして、監査についても同じだと思っている。行政に不利な監査意見なんてほとんどないのだから、監査委員制度は、今では、単なる行政のアクセサリーになっている。でも、監査をしなかったとなると、アクセサリーの役割さえしていない。これは異常だ。監査委員は二人いるが、ひとりでも監査はできるはずだし、もっと悪く考えれば、監査をしたという書類を作成しておけば、実際はしなくてもわからない。公文書偽造になるが、目を通したことにすればいい話だ。そんな悪知恵は働かなかったのだろうか。

監査委員については後日談がある。指定袋の契約書では第三者への再委託が禁止されているため、監査委員の判断を求めて、中田が住民監査請求をした。監査委員の結論は、「契約違反ではない」というもの。監査委員も部長の答弁と同じく、商社の韓国の子会社が製造していても、その商社も子会社も第三者ではないという認識だった。では第三者ってだれだと言いたくなるが、そんなことには答えない。

こんなこともあった。このふたりの監査委員は市民のある監査請求に、「市の金銭の支出は市議会で議決しており、この議決も違法性はないので監査請求は理由がない。却下する」という監査結果を出す。議会の議決をしないで金銭の支出をしたら、何も監査請求するまでもない。その支出そのものが法律違反となる。この二人の監査委員は、そのことは知らないみたいだ。この監査委員は、あの監査をしなかった監査委員ではなく、あたらしく就任した委員。二人のうちのひとりは、共産党の議員がその任にある。監査委員が変わってもデタラメぶりは変わらない。

清瀬市はこの監査をしていないという問題だけでなく、ふつうの市民の感覚では考えられないことが次々と起こる。だれからともなく、その清瀬市の姿を「風船」に例えはじめている。

ふわふわして落ち着かず、掴むことが難しいことからだろうか。それとも中身が空気だけだということなのだろうか。

第2章

傍聴

二〇〇二年――

1. そこのけ、親衛隊が闊歩する

市町村の合併がとりざたされている。明治から数えて三度目の合併騒動になるそうだ。これまでの合併は、それなりの理由があったという。明治期の合併は、村々の財政負担増がその理由だという。教育制度が変更されて教育費を村が負担することになり、それまでの小さな村では対応できなくなり、近在の村々が合併してその費用を捻出したという。六ヶ村が合併して清瀬村が誕生したのも、そういう理由なのだろうか。そして、今回の合併の理由は、中央政府による地方支配としての中央集権化と、国の財政難がその理由になるだろうか。戦後の改革がひとつひとつ覆されていくが、地方自治制度も覆そうというのだろうか。

三多摩には二六の市があるが、西多摩の自治体のいくつかに合併話があるだけで、他からはそれほど聞こえてこない。檜原村や奥多摩町は、東京都でありながら過疎の地域であり、合併が生き残りの手段となるのだろう。でも幸か不幸か、清瀬市には合併の話はない。清瀬市側に話がないとともに、清瀬市と接する自治体にも、清瀬市と合併しようという話はない。

清瀬市の財政が気になっている。市報には、「財政破綻寸前の清瀬市」と、自嘲気味に書いてあったからだ。清瀬は過疎地域ではなく、東京近郊に位置しているので、財政は深刻化していないはずだが、この市報の記事は、危機感を煽っているだけなのだろうか。

財政が深刻化していないから合併話もないのだと思っていたが、そうではないようだ。どこからか聞こえてくる。清瀬市に合併話がないのは、財政問題なんかではなく、別の理由があるのだと。それは、合併すると、市役所を介在しての仲良しグループが崩壊してしまうからだ。市長を頂点として、幹部職員、議員、各種公職者、そして、取引企業・商店とつながるグループのことだ。もし合併ということになると、市の規模からいって、清瀬市は吸収される側になる。そうなれば、いままでは清瀬という単独の自治体だからできていたもろもろのことが、そうはいかなくなってしまう。合併は、仲良しグループの崩壊となってしまうだろう。

清瀬市には、これといった企業も工場もない。市の面積は一〇平方キロほどで狭く、市域の三分の二を占める西武線の北側は、そのほとんどが畑か宅地で、工場が建つ余地はない。あるとすれば、入会地だった線路の南側となるのだが、この地には、いちはやく医療施設が設置されている。このような清瀬市なのだから、働く場で一番大きなところとなれば、市役所になる。そのため、市全体の経済活動が小さいのに、その経済に占める市役所の役割は大きくなる。数少ない地元企業や商店にしても、行政との対応は複雑だ。建物の建設や道路工事などの公共工事、役所や学校の備品・事務用品の調達が、その売上に大きな比重を占めてしまうので、企業も商店も、市役所の動向には敏感に反応する。

役所が行政の中心であることはあたりまえのことだが、それに加えて、役所が市の経済活動にも大きな役割を果たしている。こういう役所は、地方の自治体にはよくあることで、別に驚きはしないが、清瀬駅には池袋駅から三〇分ほどで着き、都心からの通勤圏になる。そういう都心の至近にある役所が、その地域の経済の中心に位置しているとは、なんとも特異な姿に映る。

特異なことといえば、もうひとつある。清瀬市には、医療施設や福祉施設が集中していることだ。とくに病院は数が多く、そのほとんどが公立病院だ。何で読んだか忘れたが、市民ひとりあたりの病院のベッド数は、全国の自治体では二番目だという。この街には、病院街といわれる地域があり、その地域に集中しているのだが、それは駅の南側一帯のこと。昭和六年に東京府立病院が開設されたのが最初で、その後、次々と病院が建てられていく。この東京病院は、当時は不治の病といわれていた結核の療養を目的としたので、そのため地元では反対の動きもあったというが、今では、病院のない清瀬市なんて考えられなくなっている。

この地に医療施設が集中したのは、理由があるようだ。それはこの地域は、近隣の村の入会地となっていて、耕作はされておらず、松林が一面に広がり、空気の清浄なところだったという。明治一二年には、病院街に隣接する東村山市域に、ハンセン病療養施設の全生園が開設されている。これがこの地域の医療と福祉施設建設のさきがけとなっている。

智茂子は知らなかったが、清瀬は、半世紀近くにわたってずうっと一つの政治潮流が続いていて、政権の交代がないところだという。これも特異なことなのだろうか。清瀬の環境がそうさせているのだろうか。今の市長は二期目だが、その前の市長は、清瀬が町の時代から数えて、九期連続その長であり続けたという。そして、その長期政権の市長のもとで、辣腕を振るっていた部長が今の市長で、長期にわたって実質的な責任者だったという。前市長と現市長あわせて一一期で、四四年間になる。三多摩は、自由民権運動この方、保革入り乱れての政争が激しく、革新勢力が強いところだと知られている。その三多摩で、長期にわたって政権交代がなく、しかも保守市政が続いている。

市役所の職員は総勢で六〇〇人ほどになるが、その中には、地元の本村出身だと思える名前がかなり目につく。部長・課長の幹部職員となると、ほとんどが本村出身か、その連れ合いが本村出身者ということに限られてくる。姻戚関係者もたくさんいる。市長と教育長がその一組ということはよく知られているが、その他にも同じ一族の本家・分家のそれぞれが職員という例もたくさんあるようだ。でも、清瀬の名誉のためにいえば、地元出身者が多い役所は、清瀬だけではないだろう。今は役所の職員も公務員なので、就職希望者は多いが、二〇年前、三〇年前の様子は、かなり違っていたはずだ。当時の地方公務員の人気は、それほどでもなく、職員確保も大変だったという。就職者が勤め先を選択できた売り手市場で、役所の側が、「お前のところの次男坊を役所に入れてくれないかね」と、本村の家々を訪ね歩いたのだろう。

役所の体質も気になっている。職員に個性的な人が多く見受けられるが、それこそ本村の体質なのだろうか。よく知られている職員の逸話に、こんなことがあった。職員の序列は、助役・教育長などの特別職は別枠として、一般の職員では部長職、特に財政や組織を扱う企画・総務という部長が筆頭となる。これが表の序列だが、実は裏の序列があって、某課長が最大の力を持っていたという。そして、その課長は、観光地でよく売られている小さな提灯に、市長の名前を○○組と書き、市長をとりまく親衛隊をつくっていたという。もちろん自分がその親衛隊の隊長となる。

この課長の力は、職員の身分までも左右するようだ。新聞に、ある職員が大麻を栽培していたという記事が載った。その内容は、警察が捜査をはじめたというものだったが、職員がアジア旅行をしたときに大麻の種を手に入れて、柳瀬川を越えた所沢の荒地で栽培していたという。警察に事情聴取されたということまでは報道されたが、その後のことは明らかにされないで、一週間の自宅謹慎処分で一件落着となっている。その職員は○○組の一員であり、この課長の力が左右したのだという。

この大麻の一件は、栽培も事実かどうかははっきりとしないが、新聞に訂正記事が載ったとは聞かないので、間違いではないだろう。でも皮肉なことに、この課長自身が、定年を前に退職させられてしまう。この大麻の件があって数年後に、市委託業者への付け回しが発覚したため、一ヶ月の休職処分を受けた。そして、処分はそれだけでは終わらなかったのか、その後一年ほどしてから静かに退職している。まだ定年退職を前にしてのことだった。

業者への付け回しの件は、智茂子も承知している。ある警備会社に、車の代金やガソリン代を支払わせていたというもの。この警備会社は、市施設の警備を数ヶ所担当していたため、問題となったのだ。このことは新聞で報道されたので、市は調査をはじめた。その調査の結論は、代金は後で業者に支払っており、付け回しの事実はないとの釈明だけだった。市と警備会社が、口裏を合わせることは簡単にできるため、真偽のほどはわからない。智茂子はこの課長を知っていた。個性的な風貌の方で、とても市の職員、つまり公務員には見えなかったが、とても神経がこまやかな人で、公務員にあるような慇懃無礼ではなかった。この課長は、トカゲの尻尾として切られたのだろうか。

2. 悪いのは、調べた奴だ

「東京都が住民監査請求の監査意見を受け入れ、損害賠償として八一五万円の支払いを求めました。そして、清瀬市がそれを認めて支払うのですね。それなら損害を与えた責任はどこにあるのですか」

「市はべつに悪いことはしていません。都から許可を受けて利用していたにすぎません。障害者団体の授産施設として使うことは、当時の都の住宅局長も認めていたことです。問題があるならば都のほうです」

議会は、なにやら込み入った話題になってきた。今日の傍聴者は智茂子をいれて四人で、いつもより少ない。一人はブローカーといわれた人物。もう一人は、だまって聞けと、そのブローカーを制した人物。そして、残りの一人は、なにやらノートをひろげ、メモばかりしている。そして、智茂子をいれて四人が傍聴者のすべて。

「都は清瀬市から損害を与えられたとして、清瀬市に賠償金の支払いを求め、清瀬市は賠償金を支払うのですね。それならば、清瀬市が都に損害を与えたということを認めたということです。責任はだれが取るのですか。責任をとらずに、市民の税金で賠償金を支払うことは認めません。補正予算には賛成できません」

南部議員の発言だ。住民監査請求、授産施設、損害賠償金と、話はますます難しくなってくる。答弁をする役割はもっぱら助役となっているようだ。

一般質問といわれる本会議の質問は、傍聴者にも資料が配布される。その資料には、詳しくはないが、議員ひとりひとりの質問項目が書かれている。でも、今日は委員会で、審議しているのは補正予算。資料は配布されておらず、なにを質問しているのかわからない。そして、とうとう休憩になる。

四人の傍聴者のうち、例のブローカー氏は傍聴席を後にしたが、智茂子を入れた他の三人はそのまま残る。そして、それぞれが持っている情報を、お互いに話しはじめる。もっとも、智茂子は聞き役だ。

「住民監査請求の監査意見と言っていましたが、どういうことですか」

智茂子が聞く。

「役所がお金を使った場合に、法律や条例に基づいて、正しく使っていないとして、住民が監査をもとめるのが住民監査請求ですよ。東京都に出された住民監査請求が、監査に理由があると認めた意見を出したんだよ。監査請求はたくさん出されるが、監査請求が認められることは、年間に数件でしょう。その数少ない監査意見を受け、都の住宅局は清瀬市に、損害賠償金として八一五万円を請求したんですよ」

「竹丘の都営住宅のなかに、障害者団体が利用している部屋があって、清瀬市は都から無償で借りていて、その障害者団体に無償で貸しています。でも都の規則によると、障害者団体が使っている内容では、無償ではなく有料となるというのがそのことですよ。そのため、法律で請求できる過去五年間分の家賃を、清瀬市は都に支払えとなったのですよ」

「障害者団体が使っていることが問題となったので、障害者団体は迷惑しているよ」

智茂子も少しは理解できた。でも、そんなことで損害賠償となるのだろうか。

「都には、学童クラブとして使うと申請していて、実際は授産施設として使っていたから、申請内容と違うので目的外使用だというんだ」

主に説明してくれたのは、ブローカーを制していた中田という人物で、もう一人のメモばかりしていたのは大久保という名前だ。大久保は、中田の説明に合いの手をいれたり、茶々をいれたり忙しい。

「でもどうして目的外使用だとして監査請求したのかしら。市民が、そんなことまで知ることができるのでしょうか」

智茂子の素朴な疑問だ。申請どおり使用していないにしても、普通の市民にとっては関係ないこと。そんなことまで調べる市民がいるというのが不思議だ。

「監査請求したのは松山三丁目の女性の方ですよ。ケガの功名といおうか、ヒョウタンからコマといおうか。ほかの問題で監査請求をしていて、この目的外使用が出てきてしまったということだ」

当時の清瀬市は、松山集会所の建設問題でゆれていた。もっぱら葬儀のための施設を建設するのだというので、隣接地の住民のなかから疑問の声が上がる。議会でも、賛成・反対で論議が沸騰していた。建設予定地は住宅地の真ん中で、高齢者事業団の駐車場となっていたところ。土地の所有者は清瀬市。

住民が反対する理由の第一は、葬儀場は迷惑施設になるからだろう。葬儀関係者には失礼な話だが、近隣住民は、葬儀が頻繁にあっては気分がよくないだろう。参列者の車の問題もある。駐車スペースはないので付近の道路が駐車場となる。それに、自分の土地や住宅の価格にも影響してくる。固定資産税は同じなのに、いざ売却するときは、葬儀場が近くにあれば安くなってしまうからだ。もうひとつの理由は、この地域は市施設が多くて、新たな施設は必要ないという考えだ。地域に人口が集中していることもあり、集会施設も一〇分以内に数か所ある。そのため、現在あるものを利用すればいいのではという、自然な発想もうまれる。

それに、近隣住民への市の説明もいいかげんなものだった。市営葬祭場、葬儀が主の集会施設、多目的の集会施設と、説明会ごとに建設目的が変わる。そうこうしているうちに、「集会所は商店のためにつくる」という声も聞こえてくる。商店主たちが、自分たちの寄り合いの場がほしかったのだという。葬儀ができる集会所ならば、公共目的なので実現も早いと、アドバイスする知恵者でもいたのだろうか。

こんなことが聞こえてきたのでは、住民の不信感が募るばかりとなる。騒動の結果は、建設は一年ほど延期されたが、最終的には一部の強い反対を抑えて、建設は強行される。でも、それを認めないという一人の女性が、東京都と清瀬市相手に行動を開始する。その女性は、葬儀ができる公共施設なら近くにあるはず。この財政難の時代にあらたな施設を建設する必要はないのではと、近隣の施設を調べはじめたのだ。そして、市が都から都営住宅の三区画を無償で借りていて、そのうちの一区画が、住民の集会施設となっていることを知った。その集会所なら葬儀を行えるはず。それなら新たな集会所はいらなくなり、松山集会所も建設する必要はなくなるというもの。

「住民監査請求は、都から借りている集会施設の使われ方が問題となったのだが、その際、他の区画の使い方が明らかになっちゃったということですよ。監査請求の本来の主旨とは違うんですよ」

それでも智茂子は疑問に思う。行政が行政に損害賠償を請求する例はあまり聞かないからだ。都の監査委員が監査意見を出すためには、都の住宅局や清瀬市からも事情を聞いたはずだ。いけないことなのだが、都と市で口裏を合わせることはしなかったのだろうか。それとも、市は都から見限られたということなのだろうか。いろいろ考えさせてくれる。

3. 学校の水道水は鉛入り

「会議を再開します。質疑はこれまでとし、これより、討論といたします」

いつの間にか休憩は終わっていた。最初の意見表明は共産党の議員。あのブローカー氏もいつのまにか席にもどっている。

「都施設の問題ですが、市長は都の了解が前提にあったと述べていますが、この市長の姿勢は支持できます。都監査委員からは、目的外使用と指摘されていますが、市が偽ってきたわけではなく、すべて都の了解のもとにおこなわれたものです。都の指摘は筋がとおりません。それらをあいまいにしたままでの解決はありえません」

この党の議員の論理は、どうも清瀬市は悪くない。悪いのは都だと言っているようだ。

「私がここで申し上げたいのは、市は自分が悪いと認めてしまっているということです。市に落ち度はない、都が間違っているという主張ならば、都の損害賠償請求を認めてはいけません。請求を認め、支払うということは、都の主張が正しいと、市が認めることです」

この発言は南部議員。

議会は多数決で決まる。「悪いのは市ではなく都だ。そのため、八一五万円の賠償金は支払う必要ない」という意見を表明したのは共産党の議員で、補正予算には反対。一方の南部議員はというと、補正予算に反対だが、その論理はちょっと複雑となる。「賠償金の支払いを認めたことは、市が規則を違えていたことを認めることになる。責任の所在をはっきりさせないかぎり、市予算で支払うことに反対」という内容のようだ。

この二つの反対意見は、反対という結論は同じでも、その中身は一八〇度違う。でも賛成多数で決定してしまう。都への賠償金八一五万円は、税金で支払うのだという。

智茂子が議会を傍聴するようになって、もう一年が経過する。智茂子が議会に出かけていることを知った友だちが、傍聴していて面白いですか、と聞くが、面白いともつまらないとも言えない。なんだか複雑なのだ。言えることは、議会は生活の臭いがしないということと、論理的なことは通用しないということだろうか。それに、役所も議会も市民のためにと、市民を口にはするが、それは建前だということ。人は自分の利益のためにだけ行動するとまでは言わないが、役所と議会に生息する人には、そうさせている何か別のものがあるようだ。やはり市民の監視が必要となるのだろう。

もう一〇年ほども前になるかと思う。子どもたちの健康に関することで、驚かされることがあった。これなどは、子どもたちの存在を忘れているという例なのだろう。

智茂子が小学校のPTA役員をしていたときである。会議が終わってから、親しくしている他校の役員に尋ねられた。

「松岡さん、学校で水道工事が行われると聞きましたが、どういうことか知っていますか」

智茂子には、何のことかわからなかった。

水道工事ということは、最近問題となっている赤水対策のためだとは思うが、それ以上のことは知らない。

現在の水道管は塩ビなどでつくられていて、腐食するということはない。でも清瀬市の小学校一〇校、中学校五校は、いずれも建てられてからかなりの年が経っている。その当時の水道管は鉄でつくられているので、年を経れば腐蝕して赤水がでる。その結果、あたりまえだが、子どもたちは鉄サビが入った水を飲まされることになり、保護者の間ではその対策を求める声が大きくなる。

水道管を新しくすればよいのだが、財政難の清瀬市では、すぐ実施というわけにはいかない。管は壁の中に埋め込まれているため、工事をするとなると、新しい管をむき出し状態で配管する。そのため、工事費もかなりの額となり、なかなか予算化できないのだ。

「芝山小学校で一年間実施していたそうですが、効果がはっきりしたので、夏休み中に他の七校でも実施するそうですよ。どういう工事でしょうかね」

智茂子は気になった。水道管を全部取り替えるという工事ならば、大掛かりなものになる。夏休み中の校舎の使い方にも関係するので、ＰＴＡにも説明があるはずだ。でももう七月の半ばで、すぐ夏休みになる。学校からは何も知らせてこない。

夏休み前に、教育委員会に尋ねた。

「芝山小学校で赤水対策のため、水道工事をしたそうですが、どういう内容ですか」

「水道の水に防サビ剤を注入しています。一年間実施しましたが、赤水はほとんど出なくなりました。八月中に他の学校でも工事をして、九月の新学期に間に合わせます」

これが、担当者の課長の説明だった。屋上へポンプアップした水に、防サビ剤をポトンポトンと、少しずつ注入する。そうすると、防サビ剤が入った水は腐食した水道管に反応して薄い膜を張り、サビを防ぐのだという。理屈はよくわかる。サビは出なくなるのだろう。でも、安全なのかどうか心配になる。

防サビ剤の成分を聞いてみたが、その内容までは知らないという。保護者からの問い合わせの声はなかったので、資料はないという。教育委員会も関心はないのだろう。でも教育委員会を訪ねた数日後に、工事会社から取り寄せたとして、文書が郵送されてきた。その文書には、防サビ剤の主成分はリン酸塩で、鉛などの重金属も含まれていると書かれていた。


水道水が安全かどうかは、不純物をいかに水道水から取り除くかにあるのだと思うし、化学物質もその不純物のひとつだろう。それが、清瀬の学校では、あえて行政の手により化学物質が加えられていた。一校だけでまだよかった。このままでは他の学校でも入れられてしまう。不思議なことだが、教職員からは苦情の声は聞かれない。学校の水道水は、子どもたちだけではなく、教職員も飲んでいるはず。子どもたちの健康に関心がないのだろうか。それに、自分たちが飲むのは生水ではなくお茶だというが、沸騰させたら安全だというのだろうか。

学校の水は赤サビが出ることを知って、子どもに水筒を持参させている親もいる。でも何を間違えたか、校長の許可が必要だと考えた親がいて、校長にその許可を求めたという。許可を求める親も親だが校長も校長で、水筒持参を禁止したのだという。持参を許せば、水道水が安全でないことを認めてしまうので、管理責任を追及されるのを恐れたのだろうか。でもそれは、校長に許可を求める親の自覚が問題だ。水分の補給には、校長の許可なんていらない。水筒を持っていけばいいだけのことだ。なまじっか校長に許可を求めるから、校長は、許認可権を持っていると錯覚してしまう。

智茂子たちは、防サビ剤が子どもたちの体に与える影響も調べはじめた。専門書に挑戦するとともに、つてをたどって専門家にも教を乞うた。そして結論は、「有害」というあたりまえのものだった。子どもの精神に影響を与えるとともに、身体の成長にも影響してくるというもの。やはりそうかと思った。注入された防サビ剤は、子どもたちが飲む水にかならず入っている。リン酸塩、鉛がはいった水を飲むことになる。

一方では、赤サビ防止のための防サビ剤注入という例が、他にあるかどうかも調べ始めた。近隣の教育委員会に問い合わせたが、赤水が出る学校もあったが、配管をあたらしくすると答えてくれた。そして、都の教育委員会、文部省、厚生省と、その範囲は広がっていく。でも、どこで聞いても、だれに聞いても、飲料水のサビを防ぐとして、防サビ剤を注入しているという例はなかった。あったのは、飲料水ではなく、トイレの洗浄用水や工業用水に、防サビ剤を加えているという例だけだった。

七月下旬、智茂子たち数人は、教育委員会を訪ねた。

「芝山小学校の水道水に防サビ剤を入れていますが、子どもたちがその水を飲んでおり、からだに悪い影響を与えます。新学期からは中止してください。他の学校でも実施するそうですが、それも中止してください」

対応したのは、またも学務課長だった。

「中止する予定はありません。これで赤水は出なくなります。九月の新学期に間に合うように工事をします」

智茂子には、想像していた答だった。来たり者の市民数人が何を言おうとも、教育委員会の対応は決まっているのだった。なぜこんなことをするのだと問い質しても、赤水がなくなると説明するだけだった。そして、重い口を開けてやっと出てきた言葉は、経費削減のために実施するのだという。水道管の架け替え工事は一校あたり二千数百万円ほどで、防サビ剤注入のための工事は、同じく五〇万円以内。注入する薬剤は数千円だという。

「わかりました。後日、文書で正式に中止を要請します」

そういうのが精一杯だった。

智茂子たちは、この一ヶ月にわたる勉強の成果を、『防サビ剤注入中止を求める要請書』という文書にまとめた。その文書には、防サビ剤が子どもたちの健康にどういう影響を与えるか、そして、なぜ注入中止を求めるか、文献と専門家の発言を根拠にして書かれている。そして、次はこの要請書をどうするかである。教育委員会に持参し要請する前にしなければならなかった。それは、新聞社への発表である。

智茂子たちが、防サビ剤の一件を知っていろいろ調査をするなかで、新聞社へも問い合わせた。そのとき、この問題に関心を持った記者がいて、教育委員会に要請するなら、事前に知らせてほしいと、いわれたのである。清瀬みたいな小さい市には、記者クラブという気の利いたものはない。立川市役所にある記者クラブまで出かけていった。

清瀬市は市民の声では動かない。来たり者の声ではなおさらだ。でもマスコミには敏感に反応するようだ。智茂子たちが要請書を届ける当日の朝刊各紙に、「今日、市民団体が要請。清瀬市の学校の水道に防サビ剤注入中止を求めるため」の記事がおどる。対応したのは今度も学務課長で、その日の課長の口からは、行政として当然なのだろうが、中止するとも続けるとも聞けなかった。市民の中止要請に応えたのでは、沽券にかかわるとでも思ったのだろうか。でも、新学期からの芝山小学校への防サビ剤注入は中止になり、七校で実施するはずだった工事も中止となる。子どもたちは防サビ剤が入った水を飲まなくてもよくなった。やはり申し入れの効果があったのだ。

4. 清瀬は共産党の「解放区」

八一五万円は思わぬ方向へ飛び火し、障害者団体が矢面に立たされる。問題となり論議されているのは都と市の関係であり、障害者団体は善意の第三者のはずだ。関わるとすれば脇役なのに、主役の役割を果たしているかのようだ。

助役は議会でこう話している。

「優先すべきことは障害者のみなさまが安心して施設を利用できることであり、また円滑に事業運営を継続していくことです。このことから、市としては都の是正要請を認める方向で対処してまいります。ぜひご理解を賜りたい」

でも、どうもおかしい。障害者団体は、市から無償で借りてはいたが、別に問題ある使い方をしていたわけではない。問題になっているのは都と市との関係であり、市が実際の使い方と違えて都と約束していたことが問題なのだ。障害者団体にとっては迷惑な話だ。それなのに、その後の市の論調はますますエスカレートし、都に監査請求をした市民が悪いというものになる。監査請求をしなければ、ばれなかったのにというものだ。そして、議会で市を追及する南部議員にもその非難の矛先が向かう。役所と多数派議員による一議員へのいじめがはじまり、共産党の議員もそのいじめ仲間に加わっている。

清瀬市は、都合が悪くなると、市民や障害者団体などを隠れ蓑に使うようだ。でも本当に市民のことを考えているのかというと、どうも疑わしい。防サビ剤の一件が、そのことを明らかにしているだろう。来たり者の市民だけが要請したのでは、中止となったかどうかはわからない。新聞の報道で動かされたのではないだろうか。それに、考えておかなくてはいけないのが、共産党の動向だろう。表だけでなく、裏の顔もあるからだ。清瀬市は医療の街といわれるほど、医療施設が林立しているが、それら医療の現場には、伝統的に共産党の力が浸透している。看護師や病院職員を組織化しているのだが、そのこともあって、三多摩どころか東京都全体のなかでも、共産党の得票率はこの市が一番高い。

共産党の全盛期は昭和の三、四〇年のころで、清瀬は自分たちの「解放区」だと称するまでになっていた。こんな共産党なのだから、役所との関係も、議会の関係も、単純に野党だ、批判勢力だと思ってはいけない。力があるだけにかえってその存在は、複雑なものとなる。

国政では、まがりなりにも与党と野党の区別があるが、地方議会では与党も野党もないはずだ。この党は市民向け、支持者向けには、野党の立場をやけに強調する。でも行政批判をしても、先陣をきっての批判はしない。共産党以外の議員が事実を明らかにし、市長や行政を追求しはじめると、風向きをみて、はじめて自分たちもその問題を取りあげる。そして成果を強調する。それがこの党のやりかたなのだろう。

学校の防サビ剤のときも、この党の議員が面白い動きをする。智茂子たちが教育委員会に要請書を届けたのが、八月三〇日の午前。ところが、共産党の議員団は同じ日の午後に、自分たちも防サビ剤中止を要請したのだという。自分たちの機関誌に、誇らしげに書いていたので知ったのだが、これなどは傑作のうちだろう。

防サビ剤注入を知っているのは、智茂子たちだけではない。現に、芝山小学校の教職員は、一年間その水を飲まされている。それに、新たに工事をするといっていた学校でも、教職員には説明があったはずだ。教職員にも市職員にも、共産党の関係者がいるし、ＰＴＡの役員にもその仲間がいるはず。智茂子たちが知っていれば、共産党の議員だって知っているはずだ。でも、自分たちは、決して最初の行動は起こさない。智茂子には、この共産党の立場がよくわかる。

都施設の目的外使用の問題でも、その立場は複雑だ。市が都に八一五万円を支払うことは反対なのだが、それは、都が悪いのであり、市は悪くないとの主張だ。この政党の議員は、決して市や市長が悪いとは言わない。でも、ことは単純だ。清瀬市が目的外使用をして、損害を与えたのだから、八一五万円を支払いなさいと東京都は請求してきたのだ。自分は悪くないと市が主張するならば、都の請求を認めるのはおかしい。でも、市は請求を認めて支払うという。これは、自分で自分が悪かったと認めることになる。いくら市が悪くない、悪いのは都だといっても、そんな理屈は成り立たない。市は自分が悪いことを認めている。でも、共産党は、支払いには反対していながら、決して市が悪いとは主張しない。

智茂子は、清瀬市の成り立ちを考えている。

町から市になったのが昭和四五年、村から町になったのが昭和二九年、明治二五年に村が成立。逆から見るとこういう変遷だ。そして、ひとつの村となる前は、下宿、中里、野塩、下清戸、中清戸、上清戸村の六ヶ村にわかれていた。

幕府が編纂した『新編武蔵風土記稿』には、六ヶ村は次のように書かれている。

「清戸下宿は、郡の北にあり、江戸日本橋より行程六里に余れり、当村及び上中下の清戸をすべて清戸村と唱へしが、いつの頃にやかく四村に分れり、正保の頃はすべて清戸と唱へしことものに見へたれば、今の如く分れしはその後のことなるべけれども、いつと言事は伝へを失なへり、民家六〇軒……平夷の地なり、土性黒土にて用水は柳瀬川を堰入れるど、水田は少く陸田多し……」

「下清戸村は、郡の北にあり、清戸三村の内、下清戸を初にのせしは地理の次第によれり、江戸日本橋まで行程七里に余れり、上中清戸もほぼ同じ民戸六二烟、……平夷の地にして土性は野土黒土相交り、水田はなく、陸田のみなり、……」
「中清戸村は、郡の北にあり、民戸五六軒、街道の左右に往す、……平夷にして土性は黒土野土皆畑なり、……此辺すべて尾張殿の鷹場なり、明和の頃まではかりの御殿など云うもありしと云う」
「上清戸村は、郡の北にあり、民戸三〇戸、街道の左右に往す、……ここも平夷の地なり、土性は野土黒土相交りて皆畑の村なり、……」
「野塩村（付持添新田）は郡の北の方にて、当郡と入間郡との境にあり、……用水には村山川を引用すれど、しばしば旱損の患あり、地形平にして土性は真土黒土交れり、田少く畑多し、民家四五軒、……又当村の持添新田あり、享保年間武蔵野開墾の地なり、民家なし」
「中里村は、郡の北の方にあり、郷庄の唱を失ふ、江戸の行程野塩村と同じ、……地形平にして土性は野土、田は畑の十分の一なり、用水は柳瀬川を引用ゆ、水旱とも患あり、民家七〇軒、所々に散在す、……」

現在の清瀬の地名は、これに旭が丘、元町、松山、竹丘、梅園が加わるが、この五つの地名は新しいものなので、文献には登場していない。そのなかでは、旭が丘は戦後の高度成長期に下宿から枝わかれした地名。そして、元町、松山、竹丘、梅園の地域は、村境も領主支配も定かでない入会地で、その一部は下里といわれており、秣草採取や、薪炭の生産に利用されていたところ。この地名も近年になってから名附けられたもの。土質については、「清戸と中里は「野土」とあるが、この土は、粒子が細かく、ちょっとした風にも舞い上がる赤土のこと。下宿と野塩は、川の流域だからだろうか、川の流れが養分を運んできて地味が肥えた「黒土」だという。古くから人が住み着いていたところなのだろう。

智茂子は、あらためて思う。清瀬市の街の骨格は江戸時代のころとほとんど変わっていないのだろうと。江戸時代の初期に、清戸下宿から上・中・下の清戸がわかれ、その後は六ヶ村となったが、その六ヶ村という基本的な構造は、現在まで引き継がれている。大正四年に、西武鉄道池袋線の前身の武蔵野鉄道が開業し、同一三年に清瀬駅が開設される。そしてこの頃に、清瀬駅を中心に人口の増加があり、元町に町並みがつくられ、入会地であった松竹梅も誕生したのだろう。

江戸期を通じた六ヶ村の人口は、戸数から類推すると一五〇〇人から二〇〇〇人程度になるだろう。昭和の初めでも三〇〇〇人程度だったという。そして次は、戦後の人口増となるのだが、それは海外引揚者住宅から始まる。松山や竹丘地区に引揚者用の住宅が建設されて、第一次の人口増となる。昭和三〇年代、四〇年代となり、下宿、中里、野塩、中清戸、下清戸の本村地区に、都営、公団、公社の大型集合住宅が建設され、第二次の人口増となる。第三次の人口増は、ここ一〇年のことだろう。畑と林が少しずつなくなり、行き止まりの道ができて、一戸建てとマンションが建設される。智茂子は、少しずつ清瀬の理解が進む。清瀬の成り立ちを考えていると、その成り立ちのなかに、現在の政治が見えてくる。本村がどういう役割を果たしているのか。そして、松竹梅と、元町・旭が丘の来たり者の位置がわかる。

5. 武蔵野線は清瀬を横切り駅はない

ある日の新聞に、「都営住宅の賃料、市支払いへ」という記事が載った。「……市は都営住宅の一部を障害者施設として無償で借りていたが、都が過去の賃借料を支払うよう求めていた。市は《都も了解していたはず》と、支払いに難色を示していたが、市議会では《都の主張を認めるなら、責任の所在を明らかにすべきだ》として反対する意見もあった」というもの。そして、その後、数ヶ月して次のような記事も新聞に載る。「都施設使用料支払いの返還を求めて市を提訴／清瀬市が都の許可条件と異なる使い方で都営住宅内施設を利用していた問題で、市が公金で都に損害補てんしたのは不当だとして提訴した」

智茂子たち家族は、清瀬に来る前は千葉県北部の都市で暮らしていた。その地域は東京の通勤圏であり、急激な人口増で地域社会は大きく変貌した。でも清瀬市と違うことは、市町村の合併が進み、一つの自治体の面積がかなり広くなったということだ。ところが三多摩の様相はかなり違う。二六の市があるが、町田と八王子を除けば、市域はかなり狭くできている。町田と八王子市は、合併をし続けて現在の市域となったのだが、他の市はほとんど合併はなかったということだ。明治のころに生まれた行政境が、現在もそのまま残っている。

合併がいいとばかりはいえないが、明治の村社会が残っていることは、その地域の政治風土も、その村社会の影響が色濃く残っていることだろう。とくに、清瀬市のように本村といわれる明治の地域社会がそのままの姿で残り、来たり者の住む世界と一線を画していては、なおさらそうなるだろう。

この村社会のことでは、清瀬北部の交通のことを考えてしまう。地図を見ればよくわかるが、この地域は交通の便が悪く、陸の孤島といわれているところ。関越自動車道も通り、武蔵野線も横切っているが、自動車道は排気ガスを待ち散らすだけだし、鉄道も線路があるだけで駅はない。そのためか、練馬まできている都営地下鉄を、清瀬を通過させ、東所沢駅に接続させようという計画がある。そして、清瀬市内の駅はこの清瀬北部になるという。交通の不便な地域には朗報だが、でもこれはあくまでも計画であり、バブルがはじけて久しく、国も都もその腰は重くなり、実現のめどは立たない。そして、それならばなぜ武蔵野線の駅が清瀬にないのか気になってしまう。武蔵野線が通過する自治体の中で、唯一駅がないのが清瀬市だと知るとなおさらだ。

武蔵野線の路線図をみればわかるが、浦和方面から孤を描いて新座駅まで来ると、それ以降は北へ不自然にカーブし、下宿を横切って東所沢駅となる。でも、計画では、線路は、旭が丘と下宿の境界付近を通り、清瀬方面に通すはずだったという。そして設置される駅は、今の旭が丘交番付近になる。線路を建設する鉄建公団や国鉄にしても、所沢方面に線路を伸ばせば、高架橋もトンネルも必要となり、建設費も高くなる。できれば清瀬に向かいたかったのだろう。旭が丘に公団住宅が建てられたのは昭和四二年で、この武蔵野線の建設も同じころで、数年後には、下宿に都住宅公社の台田団地も建てられている。公団も東京都も、陸の孤島であったこの地の土地を買収し、大規模な住宅団地を建設したのは、鉄道が近くを通り、駅ができるからだ。ではどうして線路が曲がり、駅が所沢に行ってしまったかだが、その真相は、役所の担当者や、地権者が条件闘争でぐずぐすしている間に、所沢市が国鉄に好条件を示して、出し抜かれたということだろう。

ひとつの政権が長期にわたって続くと、社会状況の先が読めなくなるのだろうか。鉄道敷設や、駅の設置がいいとばかりはいえないが、武蔵野線が最初の計画のままだったら、清瀬も大きく変貌していたことだろう。そして、その清瀬市政は、本村の人たちが保守層として自民党を支え、今度はその自民党を公明党が支えている。これが、清瀬市の表の構造だ。

表の構造が、自民党と公明党が政権を担っているというなら、裏の構造は、共産党が東京一の勢力を誇っていたということに関わっている。医療施設で働く人々を中心に、共産党が大きな力を持っていたことに影響する。しかも、それでいてここ半世紀近くは、革新側が政権をとったことはない。一時、全国的に革新自治体ブームが起ったが、そのとき、三多摩の各地でもいくつかの革新市政が誕生した。共産党も革新勢力のひとつならば、清瀬市は三多摩で一番革新勢力が強いところとなり、この市こそ革新市政になっていいはずだった。今はこの革新という言葉は色あせてきたが、まだ輝いていたときの話だが、しかし、そうはならなかった。

智茂子は、共産党の考えが理解できた。なぜ最初に行動をしないのか、そして、市と市長への批判がトーンダウンするかということを。六ヶ村の本村住民を背景にした保守層と、松山、竹丘、梅園の来たり者を背景とした共産党は、なかよく住み分けができていたのだった。市長か共産党の議員のいずれであったか忘れたが、「都営住宅の使い方は南部議員も知っていたはず」という発言があった。市長も共産党の議員も含め、南部議員を除いたみんなは、知っていてやっていたことなのだ。智茂子は、みんな仲良しグループの一員なのだと理解できた。都の施設も、無償で借りたいがため、関係者承知でやっていたことなのだと。

6. 仕事に活きる企業の献金

智茂子の議会傍聴の日々は続く。そして、議会の様相も変化してくる。

「市長の後援母体である政治団体は、法律で義務づけられている収支報告書を提出しないので、政治団体とはみなされません。それなのに、金銭を支出していたと報道されています。これは政治資金規正法違反です。対応如何では市民の市政への信頼を損ないます。市長の監督責任、道義的な責任は免れません」

共産党の議員が発言をしている。めずらしく市長を批判しているので不思議におもったが、やはり二番煎じだった。最初に明らかにしたのは市民オンブズマンで、これも新聞に報道されていたことだ。

「市長の政治団体が政治資金規正法違反であることは明らかですが、もう一つの問題は、市長選挙のあった年に、市の委託業者である電気工事会社と水道工事会社から、政治資金を受けていたことです。現在は、政党と政党の支部以外は、団体献金は禁止されています。強大な許認可を持つ市長がおこなうべきことではありません」

政治資金規正法違反の問題だけでなく、委託業者と市長の関係を明らかにする。また南部議員だ。市長の政治団体が寄付を受けたのは選挙のあった四月、この年の一二月までは法律の周知期間であるため、厳密には違反ではないが、おなじことなのだ。委託業者が市長に寄付とは、それは税金が業者を経由して市長の懐に入ったことになる。

「政治団体としての届け出が継続しているものと認識をしていたため、このようなことになってしまったわけでありまして、そういう認識のもとに寄付を受け、あるいは支出していたものでございます。十分な指導監督できなかったことを反省しています」

市長は自分の非を認める。でも、南部議員のきびしい発言は続く。市長の顔がますますゆがむ。そして、共産党の議員はというと、追及するポーズはとるが、すでに明らかになったことをなぞるだけ。新しい事実はなく、問題の核心には迫らないので、答弁する市長には緊張感がない。でも南部議員にはタブーはないようだ。逃げ道をふさいで最後まで市長を追求する。これは、自分は仲良しグループの一員ではないことを明らかにしているのだが、きっとその反動があるだろうと思う。

共産党は住み分けをよしとしてきた。共産党を支える団体は、障害者団体をはじめとした各種の福祉団体、関係する医療生協、女性団体、建設団体と幅広い。その幅広い団体のそれぞれの行政への要望・要求を、保守市政のなかで実現させてきた。それは、それなりに力が強かったからであり、そのこと自体には批判されるいわれはない。でもここ数年は、共産党が行政批判、市長批判の核心に迫らない傾向が目立つ。この市長の下で要望がかなり実現できたのだから、当たり前といえば当たり前なのかもしれない。

清瀬市は人口も少なく、面積も一〇平方キロほどと狭い。それなのに、施設だけはいろいろできている。郷土博物館、男女共同参画センター、消費生活センター、障害者センターと、その中身と規模をどう評価するかは別として、ひととおりそろっている。そして、これらの施設の中には、共産党が支援団体の求めを受けて、その実現を求めていたものがある。

一方では、団体には団体固有の意思がある。活発に活動する福祉団体などは、活動をしやすくするために法人格を求める。そしてその法人格取得は、行政の協力があれば一歩も二歩も実現に近づく。一方、団体の要請をうける共産党にすれば、団体を支援するのには、行政権力を掌握すればいいのだが、それが適わぬまでも、保守市政の協力という実質をとればいいことになる。

法人格の取得は、それほどの財政負担にはならないだろうが、このこと以外にも、財政負担となる共産党の要望をかなり聞いている。前市長が、政党と会派のことでこんなことを話していたという。「共産党の要望を一番取り入れているが、共産党は予算には反対する。困ったものだ」と。この言葉の意味は、今になればよく理解できる。これは、その後に付け足せば、「共産党などの反対勢力がつよく、その意見を取り入れなくては政権を維持できなかった」となる。

でもこれからはどうなるのだろうか。保守勢力が増えており、もう共産党の裏の支援がなくても政権は維持できる。でも、どっぷり浸かってきたのであり、関係を断つことはできないだろうし、共産党側も、断つことはさせないだろう。どこからか、こんな言葉が聞こえてくる。「清瀬市のやり方が、結果的には、三多摩一の財政悪化を招いた」と。

またひとつ施設ができるようだ。「市民活動センター」を設立すると、市報で知らされた。開設準備委員会の報告をうけて設立するのだという。今度は審議会ではなく委員会のようだ。そしてそのあたらしい施設には、集会の場所が確保され、印刷機器なども設置されるという。住民参加、市民参加がはやる昨今だが、言葉どおりには受け取れない。行政が市民活動をその視野に入れてきたのだろうか。市民活動といっても幅広いが、その中には、行政に批判的な活動もあるはず。そういう活動を、どう支援するというのだろうか。

今度の委員会には、智茂子は参加していない。委員の一般公募もあったが、また同じような思いはしたくなかったからだ。といっても、今の智茂子では、希望しても委員にはなれないだろう。ごみ問題の審議会で、行政に批判的だったからだ。智茂子は知ったが、議会で傍聴していてメモばかりとっているあの大久保が、その委員になっているという。設立の目的が書かれた資料を出し、説明をしてくれる。

「（設立の目的）社会情勢の変化にともなって価値観も多様化し、新たな地域的課題に対し、行政が柔軟に対応することがなかなか難しくなってきています。多様な広がりを見せる市民活動を支援することによって、それらの課題に対応できる社会システムを構築していくという観点から、市民活動センターを提案します」

「書いてある目的は別にわるいことではないのですが、市民活動を支援するというのがどうも気になります。市民活動をしていて、行政から支援を受けるなんて発想になりますかね」

大久保はどう考えているのだろうか。市民活動、市民運動をしている側は、活動を続けていけば、ときとして国をふくめた行政とぶつかるはずだ。成熟した市民社会からは遠い位置にいる日本である限り、そうなるはずだ。市民団体と行政は、百歩譲って、いい意味で相互に緊張関係を保つべきで、一方的に、行政に支援をうける関係にはならないだろう。

「それに、市民活動センターの利用制限として、政治活動、宗教活動を取りあげていますが、これもおかしいですよ。市民のあらゆる行為は政治性を帯びますよ。宗教活動だって、行政が定義をして制限をするのもおかしいですよ。行政が市民個々の内面に介入することになりますよ」

禁止項目が必要だろうと考えて、簡単に政治と宗教を付け加えたのだろうか、おかしなことになる。国による市民の監視が、あらゆる領域において進められているが、地方行政は、個々の市民の活動・運動を、その監視下におくというのだろうか。
「市民活動を行うのは市民だが、個人や団体が公的に資する活動を行う場合、それをコーディネートする機関が必要です。清瀬市の実情を考えると、まだ行政が支援することが必要だと考えます」

市民活動と行政の支援の関係について質問があり、行政側の担当者がこう答えたという。市民活動をしていても、行政に調整やまとめをしてもらう必要があるのだろうか。市民活動・運動は、自立した市民が自立した活動をすることで成り立つものだろう。コーディネートを必要とするのは、行政機関だけにしてほしい。それに、「清瀬市の実情を考えると、行政が支援する必要がある」といわれては、二の句がつげない。清瀬市の実情とは具体的にどういうことをいうのだろうか。市民活動・運動が軟弱だとでもいうのだろうか。それとも、行政側になにか問題があるというのだろうか。これではわからない。

大久保は、施設長の選出についても、いろいろ話をしてくれた。だれが施設の長になるかというのだが、たんなる名誉職ではなく、高額とはいえないが、それなりの報酬が出る。そのためか、その選出がもめたのだという。

開設準備委員のなかから選ぶことになったのだが、最終的な候補は二人となり、そのうちの一人は市民団体の委員が推していて、もう一人の方は、行政側の委員が推していたという。結果は選挙となり、わずか一票の差で、行政側が推した委員が選ばれている。

智茂子には、市民との共同も市民参加も、その言葉どおりには受けとらない。地方自治体の財政悪化が進むとともに、行政は、市民との共同・市民参加というメッセージを発しはじめる。職員を削減してその穴埋めをするような気がしてならない。市民・市民団体にとっては、市民活動センターという施設も、ないよりはあるほうが便利なのだろう。でも、行政が、市民や市民団体のことを考えてくれるなんて、本当にあるのだろうかと疑ってしまう。

7. 施設に入いれ、捺印しろ

「市民保養所が必要ですか、コミュニティバスが必要ですか、緑地はあったほうがいいですかと、市民のみなさんにお聞きになれば、市民のほとんどの方は必要ですと答えます。当然のことです。私も必要ですと答えます。でも行政の立場、議会の立場はまた別ではないでしょうか」

南部の発言が続く。議会は違う問題、緑地保存の問題が浮上している。市が国有地を購入することが問題になっているようだ。その土地は中里にあり、今は雑木林になっているという。相続税で土地が物納されたので、国が市に購入を打診してきて、どうやら市がそれを購入するようだ。国有地などの公有地を売却する場合は、その土地の所有機関は、まずその土地がある自治体に購入の意思があるかないかを聞く。そして、その自治体が買わないと答えれば、次は民間に売却ということになる。

「一般論として、緑地の保存に賛成するのはあたりまえです。でも、限られたお金を使うのですから、最適な場所かどうかを考える必要があります。宅地開発を促進したほうがいい場所だってあります。十分な検討が必要です」

清瀬市でも国や都などの公有地売却の話がいくつかあったという。そのすべての土地を購入するわけではなく、購入する場合は、施設の建設など、土地の用途が具体化している場合が多い。今度のように、緑地として保存するので国有地を購入するというのは、どうやら初めてのことのようだ。緑地として残すのならば、市が購入するのではなく、都に購入してもらうことはできないのだろうか。都が民間の土地を購入して保存した緑地は、市内に何ヶ所かある。

市の緑地保存のひとつとして、保存林指定制度があるが、このこともいろいろ考えさせてくれる。西武線の北側一帯は、畑作地帯となっているが、それに加えてところどころに雑木林がある。その雑木林を市が保存しようということだ。この保存林指定というのは不思議な世界で、指定されていた雑木林が、ある日、突然伐採されて家が建つ。でも、よく聞いてみると、指定を受けた保存林といえども、何の制限もなく解除できるのだという。そして、その一方では、保存林に指定された土地の固定資産税は半額、ちょっと前までは全額を、補助金として土地所有者に支払われるという。智茂子が意外だと思ったのは、補助金の支出もそうだが、保存林の解除のことだ。一度指定するとその保存林は、ある年月は雑木林のままにしておかなければならないと思ったからだ。それがいつでも解除できるのなら、雑木林の所有者は、だれもが指定を受けたくなる。

この保存林の所有者には、不動産会社もあるというが、にわかには信じられなかった。会社名義なのか不動産会社の経営者名義なのかにもよるが、もし事実だったら、不動産会社にとってこんな都合のいいことはない。指定さえしてもらえば、固定資産税が半分になるからだ。それに、希望する雑木林のすべてが指定されるわけではない。保存林の指定を受けたいと申請しても、指定をするしないを決定するのは市だ。そうすると、何を基準にして指定するしないを決めるのかという問題になる。この制度は、市と特別の関係を持つ人にとっては、はなはだいい制度だ。いずれにしても、武蔵野の雑木林が残るのはいいこと。市が購入することを知れば、ほとんどの市民は賛成するだろう。それなのに、緑地を保存するための国有地購入に待ったをかければ批判を受ける。南部議員が主張するのは、厳密には反対ではないのだが、この市では、まわりくどい理屈は通用しないだろう。南部議員ひとりが緑地保存に反対したとして、いじめの対象になるだろう。

議会は、南部議員が市を批判し、自民党と公明党がそれを擁護するという構図になっている。

そして、共産党はどうしているかというと、最初のころは、表面的には南部議員と同じ立場にいるように振舞っていたが、最近では、もうそんなオブラートは必要としない。南部議員を直接攻撃する立場にまわっている。

清瀬市議会の定数は二六人。自民党と公明党と共産党で、その席をほとんど占めてしまう。そのほかの議員は五人で、南部議員と同じ会派に中野議員がいて、中間的な役割に三人がいる。三人は、民主党でも社民党でも自由党でもなく、生活者ネットがひとりいるだけ。議会に限らずどんな組織・団体でも、中間派にそれなりの数と人材がいれば、かなりの質が確保される。でも智茂子が知る限りでは、清瀬市議会の中間派の過半は、長いものには巻かれろなのだろうか、傍聴して知った限りでは、あまり主義主張は聞かれない。南部議員の味方は、中野議員の他にはいないようだ。

清瀬市には、土地に関わる問題が次から次と浮上する。国から購入するというこの緑地は中里一丁目にあるが、同じ中里の別の緑地でもいろいろなことがおきている。この緑地の所有者は、一人暮らしの高齢のおばあさんで、市はその緑地を市に寄付してほしいと求めていたが、やっと本人の了解を得たという。でも聞こえてくるのは、単純な話ばかりではない。智茂子は、この女性と面識がある。特別に親しいというわけではないが、住まいが近いということもあり、もう一〇年ほど前から挨拶を交わしている。それが、議会を傍聴しはじめ、清瀬のことがそれなりにわかってからは、ときどき立ち話をするようになる。

「市役所の人間が毎日のようにやってくるんだよ。ハンコを押してくれとね」

おばあさんは、まだ自分の土地の寄付を了解していないのだろうか。市は本人の寄付の申し出を受け、署名捺印でそれを確認したというが、市のいい分と違っている。このおばあさんの家の前を通る道は、車はすれ違えないほど狭かった。その狭い道にバスが通るようになったのは、もう三〇年以上も前のこと。でも、道の両側は自分の所有地、頑として道を広げさせないといっていた。それが、おばあさんの姿が見えない日が続いたと思ったら、あっという間に道が広がった。

「交通事故で病院に入っていて、やっと治ったら、今度はそこの特養に入れられちゃってね。施設に入っているあいだに、道が広がっちゃったんだよ。施設はいやになったんで、すぐに出てきちゃったがね」

おばあさんはいろいろ話してくれる。市の職員が、印を押してくれと毎日のように病院へ来たのだそうだ。でも、緑地の寄付のことになると、どうもはっきりしない。おばあさんの言い分とは違うようだ。まだ印も押していないし、了解していないという。

特養に入る経緯も話してくれたが、おばあさんの話はとても興味深い。特養とは特別養護老人ホームのことで、人によっては、入居するには何年も待つことが必要となる。病院を退院した後、市役所に連れていかれて、部長やら課長やらに、入れ替わり立ち代り入居をすすめられたので、入居したのだという。このおばあさんには、市職員はとくに親切なようだ。それも、特養入居を担当するのは福祉部のはずだが、建設部の職員が熱心に世話を焼いたという。そして、おばあさんが印鑑を持参していないと知ると、入居申請書に押すためにと、どこからか用意してきたという。

市が緑地として保存したいというおばあさんの土地は、かなりの広さになる。本人もこのまま緑として残したいという希望はあるが、おばあさんと市は、何十年も前のトラブルがいまだに尾を引いていて、そのトラブルも土地問題だという。市への不信感は今も強いようだ。

「おばあさんの気持ちが一番大切ですよ。弁護士とかの第三者に相談したらいいですよ」

智茂子はあたりまえのことしか言えない。

8. 畑を潰して選挙事務所を建てる

「生産緑地法の問題ですが、農地として耕作しないで駐車場への活用や、たとえ一時的であろうともプレハブなどの建設は違反です。でも、清瀬市でプレハブ建設という例がありますね。

プレハブの設置も建築確認が必要ですが、生産緑地への設置については、建築確認は許可にならないとのことです。市はどういう対応をされましたか」

またまた難しい話になってきた。議会の傍聴席は、きょうは盛況で一〇人以上はいる。もちろん吉川、中田、そして大久保という常連もいる。

この生産緑地制度は、農地の宅地並み課税が問題となったとき、都市農業を守るためにできた制度。市内の農地に、「東村山都市計画番号何番」と書かれている杭が立っているのがそれ。三〇年間耕作を義務づけられているが、指定された農地は、固定資産税を大幅に減額するという内容だ。一平米あたりの税金はかなり安く、隣の東村山は一一〇円なのに清瀬は七〇円だという。そして、転用や売却していいのは、その土地の所有者が死亡して耕作が続けられない場合などで、例外はきびしく限定されている。

「生産緑地内に本来建てることができない選挙事務所があった事実を知っていたか。また、どのような対応をとったのかということですが、二、三週間という短い期間だったと思われるので、当時は気がつきませんでした。建っていたということはあったようで、法規に照らしまして好ましいことではなかったと思っています。今後十分に注意して的確な指導をしてまいります」

生産緑地法違反ということは、どうやら市長が選挙事務所をそこに建てたということだ。議場の雰囲気が、そのことを教えてくれる。それも二度ともその土地に建てているという。市長の選挙事務所はプレハブだが、例え一時的でも、農地の転用は許されないので、はっきりした違反になる。市長は顔を赤くして、怒りに満ちている様子。またまた南部議員が追求している。

「選挙事務所とは申しませんでしたが、やはり選挙事務所なんですね。市の担当者は、そこが生産緑地であり、選挙事務所が建てられていたことを承知していたはずです。やめなさいと、だれも指摘しなかったのですか。指摘すると、その反動が怖いのですか」

　選挙事務所が建てられた農地は、清瀬駅北口から徒歩で四、五分のところ。市長だけでなく、衆議院か都議会かは忘れたが、最近のいくつかの選挙でも、自民党の候補者はこの農地を整地し、プレハブを建てて選挙事務所にしていた。そして選挙が終わった一週間ほど後に、建物は取り払われ、その場所はまた農地として使われている。

　この事務所前は人通りも多く、多数の市民や市職員も、そこに選挙事務所があったことは承知していたはず。生産緑地だったということを、知らない職員はいるだろうが、都市計画の標識もちゃんとある。担当している建設部の部課長が知らないはずはない。知っていても指摘できないのだろうか。

「選挙事務所とは言わなかったということですが、聞き間違いとしてプレハブ建設物と訂正させていただきます。当時は気がつかなかったと申し上げましたところです」

　答弁していたのは建設部長。質問では確かに選挙事務所とは言わなかったが、部長は知っていたのか、自分の口から選挙事務所と言ってしまったので議場は騒然となる。市長の指示で、ひとりの部長が、その建設部長のもとへ走り、発言を訂正させたようだ。でも、そんな訂正をしてもはじまらない。市長の選挙事所のことだとは、この議場にいるだれもが知っている。そしてこの問題も、共産党の議員は最初の発言者とはならない。

当然のことだが、その地域にはその地域特有の歴史があり、文化がある。そして、その地域の人の精神は、それらに影響をうけている。智茂子は、地域の特性というものは、あまり重きを置いてこなかった。何処に住んでも、どこで生活しても、人びとの営みに違いはないし、精神構造にもそれほどの違いはないと思っていた。でもこの清瀬のできごとをいろいろ知ってしまうと、やはり地域の歴史なり文化なりが、現在の清瀬をつくっているのだと、改めて考えてしまう。この清瀬の地の人びとは、おかしいことはおかしいと立ち向かう、そんな精神構造は持ち合わせていないのだと。

近代国家になって一三四年、戦後となって五七年を経過する。この長き年月を思うと、この現代社会に暮らす私たちは、社会構造も、そして精神構造も大きな進展があったはずだ。でもなんのことはない。明治維新のころの社会構造、精神構造が、現代社会にも根を張っていて、それほどの違いはないようだ。そうなると、大切となるのは、幕末から明治維新にかけての三多摩、とりわけ清瀬市の周辺ではどういうことが起っていたかが重要となる。その明治維新の延長線上の社会なのだから、そのころの住民はどういう生活をし、どういう行動をとったのかに興味が向かう。

武相困民党のことや秩父事件は関心があり、書物を読んだり、現地に出かけたこともある。だが、その中心になった地は、南多摩であり秩父地方。でもこの北多摩の地にも、「武州世直し一揆」といいわれる騒擾事件があった。智茂子は詳しくは知らなかったが、気になっていたできごとだ。

あと二年で明治となる慶応二年、武州名栗村で貧農が蜂起した。これが、近世最大の農民一揆といわれる武州世直し一揆のはじまりとなる。各地の貧農が次々と加わって、参加者は一〇万人とも二〇万人ともいわれている。一揆の足跡は、南は多摩川に達し、東は川越を侵して新河岸川を越え、北は上州との国境、西は秩父・小鹿野に達している。北多摩一帯の農民の姿も、その中に見つけられるだろう。

一揆は、当然なことだが最後には鎮圧されて収束するのだが、武州一揆の場合は、これまでの一揆とは違って、農民が鎮圧のための重要な役割を果たしている。幕府の歩兵や、川越藩や忍藩などの藩兵も動員されたのだが、これらの武士はものの役に立たなかったという。実際に鎮圧に力を示したのは、代官所が差配をしていた農兵であり、一揆を鎮圧したのが、一揆を担う農民であったという、皮肉なことになる。

現在の清瀬市域では、所沢、安松からの一隊が、清戸から下宿、野火止方面へ向かって進んだという記録が残る。一揆に参加した人は、農民といっても、大工、桶屋などを生業としていた貧農層が中心となる。この一揆の資料が武州各地の農家に残っているが、その中に、清瀬市に関わるものがある。

『御慈悲願書』と認められる文書で、所沢村、久米川村、そして秋津村の一揆参加者の放免を代官所などに嘆願したもの。そこには、近在の住職が嘆願に名を連ねているのだが、その中に、「江川太郎左衛門御代官所武州多摩郡清戸下宿、真義真言宗円通寺、宥和」という名が見える。嘆願の対象となった捕らわれ人は、六ヶ村には見当たらない。それは、参加者の大多数はお咎めなしだったからだろう。当時の六ヶ村の少なくない農民も、きっと参加したはずだ。でも、今はその精神は忘れられてしまっているようだ。

9. 農地改革なんて知らないよ

傍聴席もにわかに騒がしくなる。南部議員の質問が終わると、吉川は席を離れていく。吉川にとっては、予想しなかった質問なのだろう。いつもならば智茂子にも声をかけるのだが、あわてていたのか、このときはそれも忘れたようだ。

「選挙事務所って、北口の先にあったやつだろう。畑に建っていたが、あれが生産緑地だって知らなかったな」

中田がとなりの大久保に話しかける。傍聴席の常連は、それぞれの情報源をもっている。大久保の情報源が、共産党の議員だということは知られているが、中田は南部議員と親しくしているようなので、そこからの情報もあるようだ。その南部議員からも聞いていなかったのだろうか。吉川の情報源はというと、自民党の議員ということになる。でも、それよりも、ごみ袋のことで知れるように、市長や部課長からのものが多いようだ。この生産緑地の一件は、その吉川の耳には入っていなかったのだろうか。急いで傍聴席を後にして、どういう情報を仕入れるだろうか。

それにしても、清瀬市で問題がおきると、決まってそれは土地問題になる。やはり、その淵源は、戦後の農地改革だというのだろうか。農地改革のしこりが今にいたっても尾を引いているのだろうか。戦前の農地は、一部の地主による土地所有が進み、資本主義発達の妨げともなっていた。GHQの後押しによる農地改革で、小作地が自作農地となるのだが、そのときの改革は全国一律ではなく、各地で地主の抵抗もあったと聞く。

六ヶ村の農地改革もいろいろなことがおきている。小作をしている農地がその対象になるのだが、農地ではなく宅地や山林ならば、農地改革の対象外となる。政府による強制買い上げもないし、小作者への安価な払い下げもない。自分の親が小作をしていたという人が話してくれた。耕作をしている寺所有の農地が、書類の上では宅地となっていたのだという。それは、村役場につくられた農地委員会との連携プレイなくしては、できない芸当なのだが、それができてしまうのだ。まだある。農地を測量して耕作者や所有者を確認するのだが、ちょっとした線引きで、所有者がいない土地ができてしまう。これも農地委員会の担当者と組んで、その土地の名義を変えてしまうのだ。あちこちに少しずつ土地を持つ、にわか大地主が誕生したという。こんな例は多かれ少なかれ全国各地、どこにでもあったのだろう。それとも清瀬市だけは突出していたのだろうか。農地改革では、だれが得をした、だれは損をしたということが、二一世紀の今日になっても語られている。

智茂子は、清瀬市の農地改革に興味がいく。地元に居住していない寄生地主はいたのだろうか。どこにどういう大地主がいたのだろうか。また、全国の小作農地の割合は四五％ほどだというが、当時の清瀬市の小作率はどのくらいだったのだろうか。知りたくなる。こんなとき、手っ取り早く知るには、『市史』『町史』を紐解くことだ。地域の歴史の概略を記述してあり、資料もかなり取り入れている。

清瀬市にも『清瀬市史』がある。昭和四八年発行なので、市制施行三年目に編纂されている。でもその市史の中には、農地改革の項はない。それどころか、戦後のことを書いてある「第七章・現代」を、隅から隅まで読んでみたが、農地改革の説明は一行もない。智茂子の知る限りでは、農地改革と同じ意味の「農地解放」の文字が一ヶ所出てくるだけ。それは、「占領軍の指導と相まって、農地解放・教育制度の改革・行政機構の改革等々の新施策となって日本の社会構造をがらりと変えていった」というものであり、そのあとに続く具体的な説明はない。どうしてだろうか。

農地改革は、清瀬市ではタブーなのだろうか。小作地として耕していた農地が、あっという間に宅地に変わってしまうのだから、市史に農地改革は書けないのだろう。農地改革に関する資料は役所には残っているはずだが、それらの資料を活用せずに、沈黙してしまっている。全国でおこなわれたことが、清瀬ではなかったというのだろうか。

戦後の一時期、清瀬市でも農民運動が盛んだったと聞く。政治的には、当時の社会党衆議院議員の中村高一が、小作出身の農民を支持基盤としていたという。そして、全国的にもめずらしいのだが、農協も一つの市に二つあって、その農協の一方が地主系の組合であり、もうひとつは小作人系の組合だという。清瀬市はこういう歴史を抱えている。そんな清瀬が、農地改革の影響がないなんて考えられない。それが市史には、農地改革がひと言も書かれていない。どうしてだろうか。市史といえば、客観的な史実を書いたと思い勝ちだが、清瀬にかぎっては、必ずしもそうとは言えないようだ。

役所と土地にかかわる問題は、まだまだある。今度は埋蔵文化財の問題だ。清瀬市の北方には柳瀬川と空堀川の流れがあるが、この川岸付近と、それに接する高台は、縄文・弥生の大昔から人が住んでいたところ。そのため遺跡があちこちにある。市域全部ではないだろうが、これらの柳瀬川付近の土地には、埋蔵文化財法による網がかかっている。それは、これらの指定された土地を開発する場合は、法律で定める発掘調査が義務付けられるということだ。

これは文化財保護のためにできた制度で、けっこうなことなのだが、問題となるのはその発掘費用をだれが負担するかということだ。試験的に掘る費用は役所の負担なので問題はないが、本格的な発掘はその土地を開発する地主や業者の負担となる。そして、その本格発掘の費用は、面積にもよるが数百万円から、ときには一〇〇〇万円を越えることだってある。それに、本格発掘をするとなると、開発行為そのものもストップしてしまう。地主や開発業者の過半は、できれば試掘だけで、本格発掘はしたくないと考えるだろう。文化財の保護といわれても、利益優先というわけだ。

そこで重要となるのは、役所が行なう試掘ということになる。試掘をして目ぼしい文化財が出てこなければ、本格的な発掘はしなくてよくなるからだ。試掘を担当するのは教育委員会。発掘担当の職員は大きな権限を持ってしまう。ときと場合によるだろうが、自分の判断で本格的な発掘をするか、しないかを決めることになる。そのために学芸員の資格を持つ職員が担当するのだが、清瀬の場合はどうだろうか。幹部職員から「相続のために開発するのだから、ちゃんと考えてやってくれ」と言われたりするそうだが、幹部職員の意味深な発言も問題だが、職員の資質が問われよう。

もうひとつの土地問題は、税金に関わるもので、行政の協力があれば税金面で優遇されるというもの。これも開発行為のことだが、開発対象の用地が公道に面していない場合だ。開発用地と公道との間の土地が自分の土地ならば問題がないが、他人の土地の場合は、開発業者がその他人の土地を買収し、道路を付けることになる。そしてその際、開発業者が道路用地の買収費を市に寄付をして、市がその寄付を受けたお金で、市の責任で買収するという技を使う。市民の方から、道路用地に使ってくれと寄付を受け、それを使ったといえば、どこからも文句はでないはず。そして、行政に道路の買収費を寄付した開発業者は、自分の責任で道路用地を買収した場合と違い、公への寄付なので税金面で優遇される。この際、開発業者と道路用地を提供する側で話をつければ、土地価格も思いのままで、税の優遇も思いのままとなる。

傍聴席に吉川が戻ってきた。

「中田さん、貴方が調べたのかね。知っていたなら話してくれればいいのに。あの場所は、市長が使う前からずっと選挙事務所に使っていた場所だよ。問題ないよね」

選挙事務所のことを質問したのは南部議員、南部議員と中田の関係からか、吉川は、中田は知っていたはずだといっている。

「市長の選挙事務所が生産緑地だったということは知らなかったが、他の土地についてはいろいろ聞いているよ。開発をしても、公園の名義は地主のままというのがあるそうじゃないか、都市計画法違反だよ」

吉川は沈黙する。知っていて話さないのか、それとも知らないのか。

第3章

怪文書

二〇〇三年——

1. 偵察要員は橋の上から監視する

清瀬駅北口からスーパーへ橋がかかっているが、その橋にいる二人の男が、下を見つづけている。ひとりの男は、名前は知らないがよく見る顔で、智茂子と挨拶をかわす。もうひとりは、はじめて見る顔だ。そして二人の視線の先には、バス発着場の前で演説をしている南部の姿がある。

「南部と中野と藤原の三人がいます。公園のことは言っていません。生産緑地のことと、政治資金のことをしゃべっています。聞いている人はいますが、バスを待っている人だけで、あとはパラパラといるだけです」

選挙事務所のだれに知らせているのだろうか、携帯電話をかけている。

「市民のみなさん、清瀬を変えましょう。そして、市長を代えましょう。取り巻きに便宜をはかるそんな市長はごめんです」

市長選挙が告示されたのは四日前になる。南部が演説をしていると、入れ替わり立ち替わり偵察要員が出没する。演説場所のすべてに立ち会っているわけではないので、智茂子が知る限りという条件がつくが、これが選挙なのかと思う。偵察要員は、ほとんどは今日の人物のように遠くにいて、南部の話している内容をだれかに知らせるのが役目のようだ。でもなかには近くまで寄ってきて、けん制するのか邪魔をするのか、変わった行動をとる人がいる。

その人は、現職市長のつれあいだというが、本当だろうか、昨日のその人の姿は異常だった。今日と同じバス発着場の前で南部が演説をしているときのこと。演説をしている鼻先にあるベンチに腰を下ろして、南部に視線を向ける。南部からはどう見えたかわからないが、智茂子が見ていたこの橋の上からは、睨みつけているようにしか見えなかった。南部はその人とは面識があるのだろうが、どういう印象を持っただろうか。

別に驚くような演説をしていたわけではない。これまで市長を追及してきた内容を、議場ではなく街中で話しているにすぎない。でも相手候補にとっては気になるのだろう。

「松岡さんは下に行かなくていいんですか。下はさびしいですよ。来たり者には清瀬をわたさないからね」

男がからかうかのように話しかけてくるが、智茂子は取り合わない。男は、智茂子の名前を知っているし、南部との関わりも知っているようだ。智茂子は来たり者なんだ。南部は、バスを待つ人に向かって演説をしているので、南部の横には旗を持つ人と、運転をする人がいるだけ。バスの発着場側には、応援者と思える人が数人、腕章をして演説を聞いている。これが関係者のすべてのようだ。動員対象者がいないのであたりまえだが、そのような人はどこにもいない。それでも、演説の節々には、バスを待っている人からも拍手が起こるし、バスが発車する時間になっても、南部の演説を聞き続けて、乗車を遅らせる人もいる。智茂子は下には降りないで、演説を聞きつづける。

智茂子は、南部とは親しいわけではない。議会を傍聴し続けてきたので、大半の議員は顔見知りで、いろいろ話をしたりするが、南部とは挨拶を交わす程度だった。傍聴仲間の中田から、南部の控え室に寄っていかないかと誘われたこともあるが、意識的に避けていた。自分と同じ匂いを南部から感じてしまうのが、怖かったからだ。南部とちゃんと話をしたのは、一月の半ばごろだろうか。中田から、相談があるからと言われたときだ。出かけた先のその場所に南部がいた。

「四月の市長選に出るために準備しているので、ぜひ協力してほしい。貴女は議会を傍聴されているので、清瀬の実態がわかったと思う。清瀬を変えることに力を貸してほしい。どうだろうか」

南部は、智茂子に率直に話を切り出した。

智茂子は南部のこの発言に驚きはしなかったが、その話の中身は、できれば聞かないでいたかったものだ。こうなることを危惧していたといったらいいだろうか。南部は、市政の不祥事を次から次とあきらかにしている。でも、先方はのらりくらりと、その場逃れに終始する。南部は我慢がならないのか、攻撃の矛先はとうとう現職市長に向かう。市長を代えないと、この市は変わらないという結論に行き着いたのだろう。

パンフレットを差し出した。二、三〇冊はあるだろうか。表紙に『人権と教育』という文字が読める。

「政策というわけではありませんが、今まで活動してきたことが書いてあります。何かのときに読んでください」

【大きな街より小さな街を・九五年三月号】

何回目かの市町村合併ブームとかで、三多摩でも保谷市と田無市、五日市町と秋川市の合併話がある。保谷市と田無市は話が頓挫しているが、もうひと組は進行中である。清瀬市は面積一〇平方キロちょっとで人口六万七〇〇〇人の小さな市。隣の市との合併話も過去にあるにはあったが、今はそんな動きはなく静かである。清瀬はこのままの方がよい。大きくなるとろくなことはない。

前号で報告した介助のための臨時職員の配置も、大きな市ではこうはいかないだろう。新年度予算の中に、新制度と説明されて介助費が計上されていた。この正式の予算計上を受けて、過日、教育委員会の担当課長と話し合いを持ち、教育委員会としての考えを聞いた。そこでの話は、介助を受ける本人、保護者、そして応援する私たちが、現時点で考える最大値といってもよい内容であった。介助者に特別の資格はいらないし、専属でなくても数人でローテーションを組んで介助してもかまわない。また、空き教室の介助者控え室にホットラインを設置するというものであった。

また、介助を必要とする子どもは二人を想定しているが、あまり増えてしまっては困る。そうなっては就学時検診、就学相談の制度を否定し、養護学校そのものも疑問となってしまう、との本音も聞けた。その一方で、三月議会の一般質問でこの件を取り上げるのかと聞いた。あまりにも生臭いのでそのつもりはないと答えたが、質問してもかまわない、はっきりした答弁をするといい、質問を求めているのであった。

大きな街では、国や都県の自治体への監視は厳しいものがあるし、大きすぎて市民の声は行政には届かない。しかし、小さな街は、国や都県の監視は緩くなるし、何よりも、一人ひとりの市民の声がストレートに行政に反映する。この件にかぎらないが、小さな清瀬市でよかったと思う。

【全会一致の不戦決議・九五年四月号】

清瀬市議会は三月二七日、市民の陳情による「アジアの人々に対し、戦争責任と謝罪を国会決議に求める意見書」を全会一致で採択した。一部で、一度議決したこの種の意見書・決議を撤回する動きがあるが、清瀬ではそうはさせないと決意をしている。

この意見書は、別の意見書採択の中から生まれた。清瀬で反核の運動を続けている片平さんという人がいて、その方が中心となり、議会毎に意見書・決議を求めて陳情をくり返すのであるが、三月議会も「非核法の制定運動を支持する意見書」の採択を求めようとした。そして、その準備をしている中、この方は、今の国政の動きに憤りを感じるので、政府に「不戦決議」をさせるために意見書を出そうと提案したのである。そこで、市内でともに平和運動を続けている何人かと話し合い、意見書採択を求めることとなった。

意見書・決議の類は、請願・陳情によるものと、議員提案によるものがあるが、請願・陳情は委員会における審議を経ることになり、この委員会の席上、請願・陳情者に趣旨説明をする機会が与えられる。しかし、与えられてはいるがこれが微妙で、しっかり説明しないと不採択に成りかねないし、この説明をさぼったりすると、請願・陳情者の説明を聞くまでは、ということで継続審議となり、その後、誠意が見られないと判断されて、場合によっては、廃案となってしまう。

清瀬では、その請願・陳情に社会正義があり、理に適っているものであれば、委員会の席で不退転の決意でその趣旨を説明することで、採択という結果を得ることができる。今回採択された意見書も、同じことがいえる。でも、国政の動向が少しずつ影を映して、清瀬でも総保守体制の進行が見られる。この四月の選挙で果たしてどう変わるのだろうか。

【決議の反響と血液検査・九五年五月号】

統一地方選挙が終わった。清瀬市の仲間はどうにか当選できたが、三多摩各地域では仲間の何人かを落選させてしまった。選挙の結果は、大きな選挙はともかく市区町村の選挙は、政策はさほどの影響は与えないということを、あらためて示している。政策は当然しっかりしたものでなければならないが、それだけでは勝てないということである。それは、人によっては運動であり、組織であるということなのだろう。

選挙づけの毎日だったが、この間の清瀬市でもいろいろなことが起こっている。そのひとつは、前回報告した議会の「……戦争責任と謝罪を国会決議に求める意見書」「不戦決議」が、いろいろ反響を呼んでいることである。当然ほかの議会でもアクションを起こしていると思ったが、意外なほど少なく、結果として清瀬市議会がクローズアップされてしまい、反対派も街宣車で抗議行動を起こすまでになっている。塩釜市議会が、同種の決議を採択しておきながら、半月後に全会一致で撤回したということもあり、その影響が清瀬市にもあらわれたのだろう。

清瀬市議会はこの選挙で新しくなってしまったので、撤回は物理的に不可能なのだが、新議会にどんな影響を与えるのだろうか。清瀬に続いて不戦の決議・意見書を採択することを、多くの議会に望むのみである。清瀬ばかりが突出することは望んでいない。

もうひとつ知らせたいことがある。中学生の貧血検査のために、血液検査をするということが判明した。血液検査の必要は認めないとして、本会議でその中止を求めたが、中止を含めて検討しているとの答弁だった。病院まがいの行為をするのを、学校に求めていないし、何よりも血液はプライバシーの最たるものである。学校水道水の防錆剤の一件もあり、清瀬市の教育委員会は何をやりだすかわからない。

【修学旅行の舞妓鑑賞・九五年六月号】

修学旅行の話を聞いて考え込んでしまった。中学生の修学旅行先の京都で、「舞妓鑑賞」というスケジュールが入っているということを聞いたからである。京都・大阪などの定番ばかりでなく、長崎・広島、あるいは山村などを旅行先にしたらという提案はしたことがあるが、その具体的内容までは触れなかった。それがなんと「舞妓鑑賞」なんだという。

舞妓という職業が存在するということを覆い隠すつもりはないが、中学生が舞妓を鑑賞してどうするのだろうか。教師に聞くと、この舞妓は修学旅行用に仕立ててあり、踊りを見せて写真を撮るだけで、深い意味があるわけではないという。しかし、この「深い意味」が曲者である。この教師がいう「深い意味」があるとするならば問題であり、また一方では、別の「深い意味」がなければ単なる「鑑賞」になってしまう。「深い意味」はやはり必要なのである。

清瀬ではこの秋に、「男女共同参画センター」なる施設がオープンするし、議会でも「従軍慰安婦問題」や「戦後補償問題」に、それなりの態度表明をしてきた。それなのに「舞妓鑑賞」とやらを修学旅行に加えて、「深い意味がないから」などの発言が出てきたのではたまらない。

「男女共同参画センター」設置目的のひとつは、例えば、舞妓という職業の歴史的・社会的な背景を理解することにあるのではと思う。

修学旅行の「舞妓鑑賞」は旅行業者の訪問先のスケジュールのひとつに組み込まれており、清瀬だけのことではないが、でもやはり気になってしかたがない。旅行は教師たちが計画するのだが、教師は業者まかせで何の疑問も感じなかったのだろうか。それとも自分たちの「鑑賞」を優先したのだろうか。センター設置も修学旅行も市教委の管轄である。六月議会でぜひその関係を聞いてみたい。

【合併異議あり・九五年九月号】

五日市町と秋川市が合併して「あきる野市」になった。ちょっと下火だった市町村合併の話がまたはじまる兆しである。大きいことはよいことだとばかりの合併は、私は好きになれない。行政が大きくなれば個々の市民の顔が見えなくなり、これ幸いに官僚ペースで事が運ばれ、個々の市民の意思・要望などは望むべくもない。

行政機関のひとつに一部事務組合というのがあるが、これなどは大きくなった悪い見本そのものである。自治体行政の一部を、複数の自治体が共同して事務処理を行なうもので、ごみの処分場や自治体病院などの例があり、清瀬が加わる組合のひとつに、三多摩二六市一町のごみの最終処分業務をしているものがある。この処分組合は、処分場付近の環境を悪化させているのにその事実を認めず、汚水データの開示を拒否し続け、裁判所から罰金の支払いを命じられている。

ここには、誰のための存在なのかを忘れている行政の姿を見出す。まだ、市民の目が届く身近な自治体ならば、市民の力である程度の改革はできるだろうが、二七市町が構成しているのでは、問題があっても具体的に指摘する手段は限られ、声も届かない。地元の日の出町の住民や、これを許さないとする三多摩の市民は、監査請求、裁判、はたまた次の処分場予定地のトラストなど、考えられるあらゆる行動をとり、組合の住民無視の姿勢を問い続けているが、前途には厳しいものがある。

つまり、市町村が合併して大きくなるのは、市民の手から自治体が離れることである。だから五日市の合併はどうしても認められない。五日市の名が消えることは、明治期の自由民権運動の最後に輝いた、あの『五日市憲法』も消えてしまうのではないかと思うからだ。私にとっては、五日市と秋川の合併は『五日市憲法』を消滅させるための陰謀なのでは、と考えてしまう。

【放課後も介助職員が・九六年三月号】

三月の初め、小学五年生のYくんのお母さんが電話をしてきた。その内容は、「学校でわが子を介助していた方が、放課後もそのまま続けて介助をしてくれる」というものだった。

放課後の介助がいなくなるという問題は一挙に解決である。一年間続いたYくんの介助問題もこれで一段落である。

〈養護学校を強要する学校〉

Yくん一家との出会いは、昨年の正月休みの電話だった。知り合いの学童保育所の職員が、障害児の相談にのってほしいと電話をしてきた。その相談は、障害を持つ小学四年生の子どもが、自力では学校生活ができなくなった。何とか支援できないかというものだった。

その子の両親と会った。その子は進行性の病気で、年末まではどうにか身の回りのことができたが、この正月に病気の程度が進行し、自力でトイレに行くことや教室の移動ができなくなったという。学校までは自分たちが送って行き、放課後は学童保育所へ行くので、仕事帰りに迎えに行けばよいのだが、肝心の教室での生活ができないとのこと。

学校側との過去のやり取りを聞いたが、学校側は、自力で学校生活ができなくなったら、養護学校へ転校しろという。そして、このまま通学したいのならば両親の一方が介助しなければだめだという。しかし、養護学校へ行くことは望んでいないし、この気持ちは子どもも同じで、固い決意だという。しかも両親とも地方公務員で、自分たちが介助をすることは不可能とのこと。さて、どうするかである。私は、障害があろうとなかろうと、地域の学校で学ぶ権利があると考えている。当然なことにその子ども、そしてその子の保護者（両親）の意思が尊重されるということが前提だ。

〈教育委員会は予算要求〉

そこで教育委員会を訪ね、担当の課長と面談した。事前にYくんのことでと、面談の理由を知らせていたが、課長の言葉は意外なものだった。「臨時職員の介助員をつけたいと考えている。四月から間に合うように教育委員会として予算要求した」とのことだった。何ともあっけないものだった。次はこの予算要求を実現させ、新年度予算に組み入れさせればよいのである。これについてはさほど難しいことではない。要求した予算を財政当局が削除しなければよいのである。

しかし、残された問題もある。それは予算が執行される四月までをどう乗り切るかである。そこで両親と相談しての結論は、ボランティアで介助をして、四月までの間をやりくりしようということになった。ボランティア介助は学校側が嫌がっているが、強行突破である。幸いに友人四人、息子の友だち、私の連れ合いと、併せて六名が介助を担うという。

障害児に介助員を配置するという制度の実現が確かとなったころ、私はYくんの両親とともに学校を訪ね、校長、教頭、そして担任と話し合いを持った。学校の理解・協力が必要だからである。教育委員会とも何度か話をしたが、教育委員会はこちらの主張に理解を示すが、学校は頑なな姿勢が見受けられたからである。校長・教頭は、「介助員の費用が予算化されそうだと知っているが、まだ審議の段階であり、決定は先の話。やはり養護学校に行ってほしい」との一点張りなのである。始まったボランティア介助も迷惑といわんばかりだった。あげくの果ては、組合出身という教頭が、「わたしの学校は貴方の自由にはさせない」とまで言ったのである。

別に望んだことではないが、私たちと学校との関わりが気に入らないようだ。学校行事で、いやがる子どもたち（キリスト教を信仰）に神輿を担がせたことで、信仰の自由の問題で教育委員会と校長を追及。学校水道水に防錆対策として防錆剤が注入されたのを知り、それを阻止させて教育長が陳謝。ＰＴＡ役員としての校長との軋轢。こういう私の活動が、この方々に聞こえていたのだろうか。

〈放課後の介助〉

予算は三月末に無事可決成立した。介助員制度については、新設ということもあり、若干の論議もあったが、異議ありの声はどこからも聞こえなかった。そこで残された次の課題は、放課後をどうするかである。教育委員会は学校の内だけで、校門を一歩出れば、その後は関知しないという。学童保育所は障害を持つ子は四年までという特例で、三月までは放課後の行き場があって助かったが、四月から五年生である。特例もこれ以上は不可能だ。

両親は、障害児対象の民間施設も調べたが、わが子には向かないという。そこで考えられるのは、ボランティア介助である。両親は有償でとの考えだが、例え有償としても放課後からの数時間だけのボランティア確保は難しい。そこで、教育委員会と交渉して強く要望した。学校の介助と放課後の介助を一体化させてほしいとの要望である。つまり、同じ人格で学校と放課後を対応してほしいのである。経費は、学校生活は教育委員会が、放課後は両親が負担すればよいのである。教育委員会の答えは、申し入れの趣旨は理解するので、それに沿って対応するというものだった。

しかし、四月が近づくと話が違ってきた。教育委員会は、介助員になる人がいるかどうか心配と言っていた。私たちは教育委員会の責任であるが、もし誰もいないのであれば、相談してほしい。当方でもその用意はあると言った。しかし、なんと介助をさせたくないはずの学校側が、人を確保してしまったのである。教育委員会は渡りに船だったのだろうが、この人選が曲者だった。

当方は、それならばということで、介助をしてくれる方と交渉したが、どうも校長・教頭に、放課後の介助はするなと厳命されている様子なのである。介助はふたりの方が交代でするという。

教育委員会に約束が違うと再度の申し入れをしたが、もう当事者能力を欠いて右往左往なのである。教育長は病気なのか休みがちで、教育次長は新任で、校長・教頭、そして教師集団（組合）に翻弄されっぱなしの教育委員会である。

でも、幸いなことに放課後の介助は、三月までの介助を担ってくれた青年が買って出た。数ヶ月ならば自分が介助をするというのである。しかし、その後の責任は負えない。もし、学校の介助と一緒にできるならば、その後一年は大丈夫だとのことだった。

〈最も力強い両親の意志〉

その後、四月の市議選も終わり、教育委員長も替わり、私の議会担当も文教委員長ということになった。別に委員長にこだわりはないのだが、この時ばかりは、この子のためにも文教委員、とくに文教委員長になりたかった。そこで、新たな決意を持っての闘いである。最も力強いのは、両親のこの子を地域の学校で学ばせたいという意志だ。新議会になっての最初の六月議会では、この問題を一般質問で真正面から取り上げた。介助制度はできたが、放課後が問題である。このままでは両親のどちらかが仕事を辞めなければならない。……両親は放課後の経費は自分たちで負担すると言っている。どうして放課後と一体となった介助ができないのか。教育委員会は事前の話し合いでは配慮すると言明したではないか。その約束はどうなったのか。……という主張である。

しかし、その後もなかなか実現しない。教育委員会は、もう少し待ってほしいとのことである。聞けば、校長・教頭が頑として譲らないのだそうだ。教育委員会もなめられたものである。教育委員会は仕方なく、妥協案を示してきた。放課後の介助をしている青年を教育委員会の臨時職員とするというのである。障害児の介助も教育委員会の臨時職員なのであるから同じなのだが、教育委員会の事務を学校の授業時間に合わせてしてもらいたいとのことである。放課後は介助が主で、それ以外の時間で教育委員会の仕事をしてほしいというのである。

両親も私たちも、放課後の介助をしてくれる人を長期に確保すればよいので、青年には笑われたが、この話で妥協をすることにした。でもそうなったのは、二学期からだった。

そして、あれからもう一年が経過する。Yくんも四年生から五年生となり、この四月からは六年生である。今も元気に地域の学校に通っている。教育委員会の仕事をして、放課後の介助をしてくれた青年は、この四月から希望していた養護学校の教員になった。四月からの放課後の介助をどうするかが、両親、そして私たちの心配事だったが、学校で介助をしていた青年が、放課後もそのまま介助をしてもよいという。学校の圧力に変化が生じたのだろうか。とりあえずは解決である。

【便法だった委員会・九六年四月号】

国有地を三〇億円で買収することが決まっているが、その土地の利用方法が問題となっていた。市は「利用検討委員会」を設置し、その答申をもとに決定したいとしていて、答申は三月一五日に出されることになっていた。ところが、唖然とすることがおきている。答申が出る前に、市が利用方法を決定してしまったのである。三月六日に『清瀬市実施計画』という文書が配布されたが、そこに、この土地の利用方法が記載されていた。

検討委員会は市民参加がうたい文句で、委員の過半が公募ということだった。議会でも論議されたが、検討委員会で話し合われているので、その結論（答申）を待ちたいというものだった。それが、その答申が出る前に利用方法を決定して、発表してしまったのである。検討委員会などという諮問機関は、行政の隠れ蓑に使われる手法で、国、地方を問わず、この種の諮問機関は花盛りである。清瀬も同様で、行・財政検討委員会なるものが設置されて、受益者負担などといって保育料の値上げや、学校給食の民間委託を答申している。
しかし、この答申前の発表には呆れてしまった。ふざけていると指摘したが、起債（市の借金）のために都への説明が必要とかなんとか理由をつけ、見苦しいものだった。文書の印刷を考えれば、もっと前に決定していたはずで、都の了解が必要ともなれば、予算の関係で、一一月か一二月には決定していなければならないだろう。その時期はといえば、検討委員会で論議が佳境に入っていたころである。何のことはない、初めに方針ありきの検討委員会なのだ。また、「実施計画」発表の二日前には、市長の所信表明があったが、そこではご丁寧にも、「本会議会期中に答申が出されることになっている。……この答申内容を踏まえて……市としての方針を決め」、と演説している。隠れ蓑の使い方がへたなのか、それとも正直なのか。

【ダイオキシン・九六年五月号】

五月三日の憲法記念日は、護憲集会に参加するか街頭宣伝をするかが恒例なのだが、今年は遠出となった。茨城県の新利根村の城取清掃工場と、龍ヶ崎市の農家宅を訪ねたのである。城取清掃工場周辺ではガンで亡くなる方が多く、その原因は工場排煙から出るダイオキシンではないかと、付近の住民が調査を始めたのだが、その事情を聞かせていただくためである。
当日は、「新利根村ごみ公害排除期成会」や、工場に隣接する龍ヶ崎市の「自然と環境を守る会」の方々から貴重な体験談が聞け、有意義な憲法記念日となった。その話で驚かされたのは、工場排煙が地上に落下する地域のガン死亡率の高さだった。全国平均の数倍の死亡率なのである。清掃工場の排煙とガン死の関係がこれほどまでとは思わなかった。

次に驚かされたことは、清掃工場そのものだった。案内していただき、工場の見学となったのだが、当方は事前の約束もなく突然の訪問である。しかも、案内してくださった方々は、工場側からは敵視（?）されている方なので、遠くから見ようということなのである。しかし、なんとその工場は無人だった。休日なので休業ということなのだろうが、大きな口を開けたごみの搬入口が、敷地の外から見通せて不用心なのである。しかも収集されてきたごみがあたり一面に散らばっており、これまたびっくりである。またこれに加えて、ごみにはプラスチック類の不燃物が混入しており、これではダイオキシンが大量発生するのは当然であると納得した。約束無しの訪問は、真実がよく知れる。

仕事との関わりで、いろいろな処分場、清掃工場を視察する機会がある。これまでは表からの視察だった。しかし、今回の視察は裏のからの視察なのである。と、こんなことを書いたら、不法侵入で訴えられるかも。いや現行犯でないから大丈夫。

【データ集めの眼科検診・九六年六月号】

「角膜ポトグラフィー」という名の眼科検査が、小・中学校の子どもたちを対象に行なわれている。いろいろな健康診断・検診が学校で行なわれているが、就学時健診に見るまでもなく、本当に必要なのかと疑問に思っていた。それが「角膜ポトグラフィー」である。この検査は昨年度から実施されており、対象は小学五年の男子全員で、今年の実施直前になって中学生の一部に拡大されたため、私にも聞こえたのである。

検査は機械を設置しておこなう大掛かりなもので、病院関係者に聞いたところ、「え、学校でそこまで検査するの?」と驚かれてしまった。都の教育委員会にも問い合わせたが、そんな検査が学校で実施されているとは知らないということだった。補助金なしの清瀬市の単独事業なのである。他に実施の例がないとしても、それが必要なことであるなら結構なことである。教育委員会の担当課長・係長にこの件の説明を求めることとなった。しかし、とんと要領を得ない。どういう内容の検査であり、どういう理由で実施するのかと尋ねて、やっと理解できたことは、市内全校の眼科検診をしている大学病院側の強い働きかけがあり、その意向に沿ったものであるという。

赤錆対策だとして学校の水道水に薬剤を添加したり、子どもたちの血液検査をしたりと、他でやらないことをやってくれるのが清瀬市の教育委員会だが、また角膜なんとかの検査である。また、申し入れ、中止となるのだろうか。この検査を実施しているところは、東京都の小・中学校では、清瀬市だけのようである。当然なことだ。大学病院のデータ集めのために子どもたちを検査の対象とするような教育委員会が、他にあるはずはない。

【こころに響く歌・九六年七月号】

「花」や「～はいさいおじさん」のヒットで知られる喜納昌吉さんのコンサート、「喜納昌吉・沖縄を唄うin清瀬」を開催した。知人が喜納さんの知り合いで、清瀬でコンサートをしないかとの誘いに乗ったのである。コンサートが講演会や映画会とは比較にならないほど大変だとは、準備をするなかで認識するのだが、今は実施してよかったと思っている。もやもやした思いを吹っ切ってくれたからだ。

昨秋に、米兵による「少女暴行事件」が起きたが、事件後は、自分たちは何ができるのかを考え、行動をしている。「沖縄県民の行動を支持する決議」を昨年の一二月議会に提案して議決し、市議会の名で沖縄県民の行動の支持を表明した。そして、米軍基地撤去を求める集会に参加したら、清瀬にある米軍基地、「大和田通信基地」の実態調査なども行ってきた。しかし、何か物足りなかったのである。これでは従来の運動と同じ域を出ないのではないか、沖縄の人々が訴えているものとは違うのではないかとの思いである。そんなとき喜納昌吉さんの唄は、メッセージとして、参加者の心に、私の心に響いたのである。

「日米安保」の問題を素通りしては、基地問題は語れないとの論があるが、疑問に思っていた。基地の返還を提起する『アクションプログラム』が、沖縄県という行政組織を通じて示されているが、そこには「日米安保」は書かれていない。でも、論じなくてもそれ以上のものが書かれ、訴えかけてくる。これが沖縄の人々の回答ではないかと思う。喜納昌吉さんも「日米安保」

は唄わない。でも、それ以上のことを、唄をとおして語りかけている。アトランタ・オリンピックで、アジアを代表して唄うというが、どんなメッセージになるのか期待している。

【お上意識・九六年一〇月号】

経験を重ねると、行政側に立って市民の前に立ち塞がる身となるから気をつけてねと、隣の市の先輩議員に諭された。人の言葉をあまり信用しない私ではあるが、彼女のこの言葉だけは肝に銘じている。

ところで、行政の人間と接していて唖然とすることに何度も出会う。その一つは、道路拡張の問題で建設部の職員と地主との交渉現場に立ち会ったときだ。市の職員は、「買収に応じないのなら、昔ならば貴方の家にダンプで突っ込むんだが……今はそれはできない」と言った。その場でその職員に真意を問いただし、陳謝させたが、それだけで終わりそうもない。市の事情を知る地主のひとりは、日ごろ職場で話していることがそのまま口に出たまでだと言っていたが、そのとおりなのだろう。

もうひとつは、私が役員をしているPTAのことである。刷り上った『PTA広報誌』を他校のPTAなどに送付しているが、教育委員会へ送ったものが返送されてきた。宛先に書かれた課がPTAの担当窓口ではないからという理由だ。教育委員会の機構が、学校教育部と生涯学習部の二部制となり、それによりPTAの窓口も変更になったのだ。しかし、そんな変更は

ＰＴＡにとっては関係ない事で、返送していい理由にはならない。必要があるならば、担当が替わったので、次号から宛先をどこそこの課にしてほしいと知らせれば解決することだ。私は呆れ果て、その非を正したのだが、担当者の上司が言うには、彼は人はいいのだが、なかなか出世しないので気が立っているというものだった。これも関係ないことだ。

この様な職員のあきれた言動は、この二つだけではない。清瀬のことだから当たり前だと聞こえるが、困ったものだ。これでは、行政側に立って市民の前に立ち塞がるという心配なんていらない。通常の市民感覚さえ持っていればよいのだ。

【廃棄物処理法の転換を・九七年二月号】

清瀬市の北方には、所沢市、狭山市、そして三芳町があるが、これらの市町の行政境は、産業廃棄物の焼却・処分場が林立しており、「産廃銀座」といわれる。この地域が産廃業者に狙われるのは、関越自動車道の所沢インターから近くて、雑木林が多いからだ。所沢インターを経由して搬入された廃棄物は、この地で焼却し容積を減らし、また所沢インターを経由して山間部の最終処分場まで運ばれる。以前からこの焼却場の危険性を指摘していたが、近隣住民が運動を作り出し、新聞・テレビでもこの問題が取り上げられるようになった。

昨年の一二月に、所沢で開かれた「狭山・所沢市境周辺のダイオキシン汚染について」という集会に参加したが、そこでは、焼却場から四キロ程の所沢航空公園内の二ヶ所から、高濃度のダイオキシン類が検出されたと報告があった。日の出町の谷戸沢処分場、そして柳泉園の焼却場問題に関わってきたが、これらはいずれも、一般廃棄物といわれる家庭ごみに関してのものだった。これらの問題に関わっていても、一般廃棄物とは比較にならないほど環境を破壊する産業廃棄物が、頭から離れなかった。産業廃棄物には、家庭ごみの比ではない有害物質を含むからだ。

この地域では、冬から春にかけては北風が吹く。そのため焼却場から発生するダイオキシン類が含まれた煙は、その風に乗って南側に運ばれる。そして清瀬市はこの産廃銀座から南側四、五キロの距離にあり、ダイオキシン類が落下するにはちょうどよい距離になる。産廃銀座のダイオキシン汚染は、所沢などの市町の問題であるが、それ以上に清瀬市の問題だ。そして、できるだけ早く焼却という廃棄物処理方法を転換させたい。容量を減らす効果と、ダイオキシン類の発生を天秤にされてはたまらない。

【公立小・中の選択性を・九七年三月号】

五年生の子どもの母親から、学校でいじめられており、このままでは勉強が続けられない、市内の他の公立小学校に転校したいので協力してほしいという相談があった。この学校のこの学級のことは、以前からいろいろ聞いており、対策を取るべきだと校長に促していたのだが、あらためて相談されて考えさせられた。

その学級は授業がまともに続けられなく、「無法地帯」の様相で、いじめの対象になっているのはその子だけではない。その子は、勉強するには転校しかないと、自分で判断して結論を出したという。こうなった原因はいろいろあるが、なによりも問題なのは、担任、教頭、そして校長の対応だ。担任はクラスで何が起ころうとも、保護者に知らせない。教頭、校長は薄々知っていても、担任のなすがままで、知らんふり。子どもや、その保護者には責任がないとはいわないが、この場合はそれ以前に、担任が教頭、校長がしなければならないことを、していないことが原因だ。

教育委員会の指導室長に、学校とクラスの実態を認識し、教育委員会の責任で対応をすべきだと申し入れたので、やっと事態が動きはじめた。保護者会が開かれ、保護者に学級の実態が知られることになった。転校の件については、子ども、保護者の要望にそって手続きを進めるとのことで、間もなく実現するという。「転校」制度化への第一歩だ。この子にとって最善の方法とは思わないが、現状よりはマシの結論なのだろう。

ところで、いっそのこと公立小中学校も選択性にすればと思う。どこの小中学校に入学しようと、途中でどこの小中学校に転校しようと、子どもと保護者の自由な選択にまかせればよいのだ。そうすれば、学校は教育委員会、教職員のために存在するのではなく、子どもたちのためにこそ存在するということを、認識させられるだろう。

【補助金の用途九七年六月号】

畜産場の堆肥製造から発生する悪臭に悩んでいるが、その企業に二年間で三〇〇〇万円の補助金が支出されていた。そのため、どう補助金が使われているのか、市の情報公開制度を利用して調べた。補助金の申請者・事業実施者は、申請書・報告書を提出するのだが、そこに、「事業の目的」と「事業の効果」が書かれているので、この資料の公開を求めたのだ。目的には、「畜産による環境汚染の発生を予防、防止するとともに……」と書かれていた。

畜産場の堆肥の主原料は、牛を飼育しているので、その糞尿だと思ってしまうが、実際は違う。原料の過半は産業廃棄物の枝葉で、その発酵過程で悪臭が発生する。風向きによっては、窓を開け放しての生活はできない。鼻炎・喘息・アトピーの被害を訴える住民も多い。この企業の経営者は地域の実力者で、近所には多くの親類縁者が居を構えている。そのため、被害を訴える声はか細く、利益第一主義のためか、環境汚染の予防・防止対策も実施したとは聞こえてこない。

そこで三〇〇〇万円の補助金が、どう環境対策に使われているのか調べたのだが、資料には、コンクリートの擁壁工事を行ったとだけ報告されていた。驚いた。こんな工事は、私企業の責任で行なうことで、税金を使うことではない。そして、畜産会社の自己資金と併せて、二〇〇〇万円と三七〇〇万円の二年間の工事になる。報告書にある写真を見た限りでは、そんなに費用がかかるとは思えない。それに、工事を請け負った建設会社のことも疑問となる。畜産会社と建設会社の経営者は実の兄弟で、その住所は、工事請負中は他市に移しているが、工事終了後は畜産会社と同じ住所となる。

最初の年の報告書には、「……設備、施設機械の設置……」と「事業の効果」が書かれていた。でもその報告書には、機械が何処にも存在しない。鉄筋コンクリートの擁壁工事を行ったとの内容だけだ。どう解釈しても機械類を設置したとは確認できない。補助金はその九割が東京都が支出したもので、残りが清瀬市の支出になる。

【行政の無謬性・九七年七月号】

このごろ「行政の無謬性」ということを考えている。行政機構の一隅に棲息していると、その渦中にどっぷり浸かってしまうようだ。清瀬市議会の委員会で、「市長のすることを信じられないのか」と、真顔で怒鳴った保守系議員がいたが、これは失笑で終わりとなった。でも笑ってばかりではいられない。自分自身も、その無謬に取り込まれてしまいそうだ。

六月から柳泉園組合の監査委員になった。この組合は、清瀬・東久留米・保谷・田無の四市で構成する特別地方公共団体で、専ら一般廃棄物の中間処理を業務としている。その組合の監査委員は、税理士等の専門家と、組合議会の議員が各一名選任されるのだが、議会選出のその一名になった。過日、この柳泉園組合の「出納検査」なるものがあり、さっそく監査制度は矛盾に満ちたものであるということを体験したが、行政の無謬性ということも体験させられた。

二、三ヶ月の支出を数時間で検査するのだが、それは膨大な書類をくるのであり、書類上の整合性を検査するだけである。そして、その支出は、ほとんどが業務委託・建設工事に関わる随意契約によるものだった。しかも、その契約の見積書は、形式的に三、四社から提出させているもので、中には一社からの見積りで契約というものもあった。

業務と、それに伴う技術の特殊性から、特定の企業と契約したとの説明があったが、その契約価格の妥当性を云々する情報を持たないこともあり、これでは行政の無謬を前提にしないと成り立たないと思った。監査・監査委員の制度は、行政は間違いを犯すということを前提にしているはずだが、その制度そのものも行政機構のひとつとして存在し、「行政の無謬性」に取り込まれてしまっている。さて、これに徒手空拳でどう立ち向かうのか、頭の痛いことだ。

【いじめと差別の体験から・九八年六月号】

三六年振りの小学校卒業以来の出会いだった。齢をかさねてはいたが、当時のままの面影だった。その方は椎名寿子さんといい障害をもっている。小学校にはおじいさんの自転車の荷台に乗って通えたが、遠くにある中学校には、おじいさんの体力のこともあって通うことができなかった。障害者と健常者の分離教育が始まる以前のことだ。

共通の友人であるひとりの同級生を通じて、お互いの現在を知るところとなり、出会いとなった。年月の隔たりがあり、どんな話題がでるのかと心配したが、杞憂に終わり、当時のいじめ・

差別の体験を次から次と語ることになった。地域性からか、変にプライドが高い子どもが多く、それがいじめの蔓延となったのだろう。四年のときに田舎から転校してきた私も、異分子なのでいじめられたが、彼女はいじめに差別が加わった。自力ではトイレも教室の移動もできない障害を持つ寿子さんには、担任の教師のあたたかい励ましが必要なのだが、この教師は、有力者の子を優遇するのに熱心で、クラスのいじめを助長した。最前列に席があった彼女は、障害のため足を伸ばしたままだが、担任に何度も足を蹴飛ばされたという。

どんなに悲しくても、一緒に通い続けてくれたおじいさんのことを考えると、学校を休むと言えなかった。二人乗りを警官に咎められ、悪路で転んで自転車から投げ飛ばされたこともあった。と語ってくれた。縁あって、地域の障害を持つ人々と関わりを持つが、その原点は寿子さんとの関わりにある。子どもだった私は、彼女のいじめの防波堤とはなれなかったが、教師の差別には、心の奥に怒りを蓄え続けていた。

その小学校は、今も千葉県我孫子市にある。そして、寿子さんは、生まれ育った農家に両親とともに住み、いじめ・差別の連続だった日々を、楽しい思い出として語ってくれた。やさしかったおじいさんのことも。

【狙われた給食・九八年一一月号】

清瀬市の学校給食は、小中学校とも自校調理方式が続けられているが、市は来年に中学校一校を民間委託し、その後も順次に五つの中学校すべてを民間委託すると発表した。人件費削減を理由として退職者を補充しないためで、給食調理員に退職者が集中するので、民間委託が発想されたようだ。一校あたり一〇〇〇万円を節約できるという。

民間委託の動きには、ひとつの中学校PTAが、教職員組合や市職員組合よりも先に反対の意思を明らかにして、阻止行動を起こした。そのためもあってか、市内あげての運動に移りつつある。でも経費削減という論理を出されると、議員は及び腰になる。

しかし、民間委託はどうしても納得できない。そんなに経費削減をしたいのなら、調理員を、正規採用でなく嘱託・臨時職員にすることはどうかと、逆に提案した。働く立場にたてば問題だが、このままの力関係では、中学校どころか、小学校も民間委託されてしまうため、次善の策をと主張した。ところが、教育委員会は、文部省通達の調理職員定数基準があり、嘱託・臨時職員の対応は不可能だと主張した。私は納得しなかったが、大方の議員は、この教育委員会の主張をそのまま認めてしまった。

行政と対峙することがあると、すぐに都と国の意思を前面に出してくる。とくに教育委員会はその色彩が強く、都教委や文部省の通達等がどうのこうのということになる。でも単純に考えても、文部省が、調理職員の採用形態まで規制するとは思えなかったので、文部省に問い合わせた。回答は、「調理員の雇用形態は自治体の意思に任せられる。これに関する通達等はない」と、明確なものだった。

文部省としては当然の回答だろうが、これで今後清瀬市はどう言い張るのだろうか。経費削減が民間委託のただ一つの理由で、嘱託・臨時職員での経費削減は不可能だという論理は、崩れてしまう。

【行政の強行姿勢と自治・九九年一月号】

葬儀用の集会所建設で揺れ動いている。駅南側の住宅密集地域に、葬儀ができる集会所建設を明らかにしたため、反対の声が日増しに高まっている。

建設を求めているのは商店会で、店で葬儀をするのは困難なので、葬儀のできる集会所を求めたものだ。かなり前から運動を続けていたが、用地の確保がネックとなり、なかなか進展しなかった。それがなぜか、建設のための費用が今年度予算に計上された。場所は市有地の高齢者事業団の駐車場を使うという。選挙の季節が近づいたからだろうか。

この場所は商店会からちょっと離れていて、都営住宅などの住宅街の中心にある。この住宅街では都営住宅の集会所や自宅で葬儀ができるため、葬儀場はいらない。そのためか、建設の計画が知れると、反対運動が近隣自治会あげてのものとなった。市は、議会が全会一致で同意したとして、建設を強行する姿勢を見せているが、自治会はあくまでも反対運動を続けるという。葬儀場建設を求める商店会、反対する近隣自治会、そして建設当事者の市と、それぞれの対応をみていると、地方自治体の利害と権力構造が、それなりに見えてしまう。

建設の推進も反対も、積極的に担ってきたのではなかったが、行政が強行の姿勢を示したので、途端に反骨精神がもたげてきた。「強行」にはどうしてもこだわってしまう。行政が提案する以上は、近隣住民に十分説明し、可能なかぎり同意を得た上での提案だと理解していた。道理に反せず反対する理由を見出しえない以上、賛成するしかなかった。しかし、この強行姿勢は、現実はそれとは程遠いものであることを教える。

必要な施設なのだから建設をという考えが大方だろう。でも、たとえ良いことだとしても、強行してよい道理はない。学校給食の民間委託といい、この葬儀場建設といい、最近の清瀬市は強行姿勢が続く。

【イラク空爆に関する意見書・九九年二月号】

中学校給食の民間委託の問題は前に報告したが、その中の「文部省通達」についての解釈で、一つの変化があった。一二月議会で教育長は、「臨時職員等の対応は通達により出来ないと答弁していたが、通達による規制はなかった」と、発言を撤回した。給食調理員の退職者は不補充だとしても民間委託しか選択肢がないという主張は、間違いであることを正式に認めた。正職員を採用せよという主張は、今日の社会状況では苦しいものがある。民間委託を阻止して自校直営方式を堅持するためには、次善の策として臨時職員の採用を求め続ける。

この議会ではもうひとつ、米英軍のイラク空爆に関する意見書のことを報告する。議会の最終日近くに米英によるイラク爆撃があり、また人びとが殺されるのかと驚かされたが、それ以上に驚き、かつ怒りを覚えたことは、その爆撃という大量殺人を、日本政府が早々と支持をしたことだ。政府にこそ一撃を加えなければと考えた。安保理の常任理事国のロシア、フランス、中国が、それぞれ米英の武力行使を非難しており、この日本政府の支持表明は際立つものとなった。マスコミの論調も、私の知る限りでは批判していてもトーンダウンしたもので、この変化にも驚かされた。断固として闘い、主張しつづけることを身上としている私は、議会の最終日に、首相・外相に対する、「政府の米英によるイラク空爆支持の撤回を求める意見書」を提出した。

その意見書には「……先の戦争の反省に立つ日本政府には国連憲章、日本国憲法を立脚点として、平和を希求する外交努力を講じることが求められている。イラク空爆の支持表明は、国際社会の意思に反するものであると認識し、すみやかに撤回することを求める」と、意思を明らかにした。この意見書に反対したのは保守系会派（自民党）の九名の内六名だった。

【ダイオキシン対策のうねり・九九年五月号】

統一地方選が終わったが、清瀬市議会では、保守と革新、政党所属と無所属問わず、いずれの候補者も、ダイオキシン対策の充実を政策の第一にあげていた。清瀬は所沢の南に位置しており、所沢市域で発生するダイオキシンの過半は、北風に乗って清瀬に落下する。九七年の大気の調査では、一・四ピコグラムで、全国一の高濃度だったので、候補者もこのことを取り上げないわけにはいかない。その内容は、市民参加のダイオキシン条例制定、国や都、埼玉県や所沢市への対策要請、というものだ。

ダイオキシン対策を議会で最初に取り上げたのは二年半ほど前で、その頃から市による大気中のダイオキシン調査を求め続けたが、騒ぎすぎだとして、発言を押さえられた。でも今は、私のことを騒ぎすぎだと言った当の本人（共産党）が、熱心にダイオキシン対策を主張している。また、市民の方々が議会に調査、対策を求める請願を提出したとき、当初はその請願の紹介者になることを拒んだ議員（公明党）が、大勢が賛成にまわったと知ると、今度は一転して署名をして、自分たちこそ一番ダイオキシン対策に熱心だと主張する。

そして行政の対応も、この数年で大きく変わる。「大気中の調査をしても発生源を特定できないから調査をしない」という姿勢から、「大気・土壌、そして血液の調査の実施」へと変化する。ダイオキシン条例についても、その必要性を認めていなかったものが、今は制定に向けて準備中で、市民が求めた対策本部への市民参加も、名称は別として実現を確約した。

ダイオキシン対策の行政・議会、そして市民の動きがここまでくると、この次は行政の垣根を越えての運動となる。清瀬には、自治会を網羅した、「清瀬市ダイオキシン等環境対策市民協議会」を結成するパワーがある。今後の活動に期待したい。

【社会が変貌させられる・九九年六月号】

最近よく国会に出かける。委員会の傍聴、議員会館・議員面会所の集会と、次から次と出かける機会がやってくる。ガイドライン関連法、盗聴法、住民基本台帳法と、捨てて置けない事態が目白押しだからだ。

国政は、自自の連立に公明党が加わったため、何でもありとなっている。今までは、反対する側が一定の勢力を保っていて成立しなかった法律が、このときとばかりと国会を通過してしまう。その結果は、過去の反省の上に少しずつ積み重ねてきたものが覆され、この社会が、憲法の精神とかけ離れたものに変質させられてしまう。

諸悪の第一は公明党だ。消費税を、廃止や三％に戻せと、政策的に正しいとわかっていても言えず、物笑いの地域振興券配布を実施させた。そして、今になって、衆議院の選挙制度を中選挙区に戻せとも主張する。諸悪の二番目は民主党と、それを支えていると自負する連合だ。社会党・総評（的なもの）の解体を持参金にして、体制の一翼に加えてもらおうとしたが、労働関連法の改悪をされたりして、もう用済みだとされてしまう。介護の社会化と言う言葉に踊らされて、介護保険制度を推進した党首もそこにいる。

では、わが町清瀬はどうだろうか。ガイドライン関連法案や介護保険法に反対する意思を、議会を通じて明らかにしてきた。しかし、新しい議会状況は、こういう意思の発露を許さない。それに自分は賛成だが党（組織）は反対だからとして、公然と態度を翻して市民に背を向ける輩が続出する。

政府・自民党が、自らの意思で実行した施策で、私たち庶民（市民）によかった政策は、あっただろうか。私たちによかった政策は、私たちが血の滲むような努力を積み重ねてしか実現しないことを、過去の経験で知っているはずだ。諸悪の根源を求めれば、公明党に跋扈され、民主党・連合に跳梁されることを選択した私たちなのだろう。

【表現の自由と有害図書・九九年一〇月号】

隣町の友人から、「有害図書指定」と「出版・表現の自由」論争に、「有害図書指定」の側で協力を依頼された。問題の本は、『タイ売春読本・全面改訂版』『タイの夜の歩き方』で、その内容は、セックス・ツアーをあおり、買春を奨励するものとなっている。

聞けば静岡市の知人が、県の有害図書に指定する運動をして、指定は実現したが、今度は図書館関係の市民団体から、指定は表現の自由、出版の自由を侵すものだと論争を挑まれているという。青少年のための有害図書指定制度に関心はないが、この場合の表現・出版の自由の主張には違和感を覚えた。自由の主張の矛先は、指定を求めた側に向けるべきではないとの思いだ。

タイ国においては、経済格差などの事情から、多くの女性が性産業に追いやられ、一〇歳前後の子どもたちもその犠牲となっている。幼いときに性的虐待を受けた子どもたちは、心に痛手を受け、正常な人間関係を保つことができなくなってしまう。ここには、従軍慰安婦の問題とおなじ意識が、底に流れているとしか思えない。これらの買春のその過半が、日本人によるセックス・ツアーとして成立しており、そのことをあおり奨励する内容の本が、大手を振って出版されている。表現・出版の自由は尊重されなければならないのは当然のこと。しかし、これらの自由は与えられるものではなく、他国の人々の精神を暴力的に踏みにじったりしない不断の努力に求められる。

私は、市議会に「都に対する有害図書指定の意見書」を提出して協力した。指定そのものが主目的ではないが、できることは意見書採択を通じてメッセージを発することで、全員の賛同を得た。そして幸いにして、毎日新聞の記者氏が、この問題に関心を寄せており、当方の趣旨を理解して、記事として取り上げてくれた。

【少年の介助のために・〇〇年三月号】

介助員制度が成立するきっかけをつくった少年は、あれから五年を経過して、この春に地域の中学校を卒業する。中学の次は高校ということになるが、残念ながら都立の普通高校には進学しないという。障害が理由ではなく、学力のためだというので二重に残念。進学先は小平養護学校高等部だという。

少年のこれからのことで少年の両親と相談した。両親からは、地域の小中学校で学べたことが、本人にとってどれだけよかったかと話してくれた。進行性の障害なので、近ごろは外出もままならないが、地域の学校でできた友だちとの電話が楽しみという。

養護学校への進学で問題となるのは、学校から帰ってからの生活だ。通学バスの発着は自宅から数百メートルの大通りで、勤める前の両親が送っていけるが、午後三時前後となるバスの到着後は少年ひとりだ。今までは、教育委員会の臨時職員である介助員が、放課後から両親の勤め帰りまでを有償ボランティアとして介助をしてくれたが、これからはそれも不可能となる。両親は、そのどちらかが勤務を辞めることも考えているという。でもそれは最終的な結論で、なんとか地域の力で介助を続けられないかという相談だ。

幸いにも地域には、私たちが結成した有償ボランティア団体がある。高齢者のための家事援助や介護が主なものだが、少年の介助もできないことはない。それどころかこの会は、この少年の介助が会結成のきっかけとなったもの。行政の介助員が配置されるまでの二ヶ月間を、自主的な介助を続けたが、その経験が会の結成に結びついた。

基本は行政の責任で対応すべきことだが、行政の隙間を埋め、行政の先鞭をつけるためにも私たちの運動が必要だ。あれから五年となり、ボランティア団体も四年となった。少年のおかげで生まれた会が、今度は少年を支える。

【地方と都市の対立・〇〇年七月号】

衆議院選挙の最中に、「だれに投票すればいいんだ」「投票する政党がない」という声が聞かれた。まともな候補者がいなく、まともな政党もないという。昨今の政治状況からすれば当然な思いだ。その選挙結果は、地方に強い自民党と、都市に強い民主党ということになり、地方のムダな公共事業をすすめるのが自民党で、それを指摘するのが都市の立場を代表する民主党という対立の構造だ。地方が保守的で、都市が革新的ということなのだろうか。

無駄な公共事業の中止は当然なことだが、その行き着く先が、都市による地方きり棄てであってはたまらない。地方自治の時代といわれるが、そのかけ声とともに、持てる自治体と持たない自治体との格差拡大が心配されるからだ。例えば、鳴り物入りで登場した介護保険制度はその典型で、サービスの提供や保険料など、自治体によってかなりの格差が生まれている。

格差の理由の過半は、住民や自治体の努力ではどうにもならない。自然環境や社会環境などの違いが、格差を生み出すことを忘れてはならない。でも、地方と都市の対立の行き着く先は、私たちに価値ある生活を約束する山や畑や田圃が、価値ないものとして自治体のお荷物になるということなのだろうか。三多摩で財政力の最下位を争っている清瀬市は、持たない自治体のひとつとなる。財政を潤す企業や工場は少なく、農地の多さと病院や福祉施設で知られる自治体なので、きり棄てられないかと、先行きに不安を感じる。

民主党は、社会的規制の緩和など、グローバル経済を推進する立場のようだ。無駄な公共事業の中止は結構だが、グローバル経済推進の結果は、都市による地方のきり棄てであり、強者による弱者きり棄てとなる。グローバリズムに抗して無駄な公共事業も中止するという、自民党でもない民主党でもない道が、今、求められているのではと思う。

【存在しない監査・〇〇年一〇月号】

また清瀬の恥をさらすことが起きた。市の監査が行なわれていないのではないかとの疑いだ。監査は地方自治法に定められており、定期監査をはじめとした各種監査を行い、その結果を市長・議長等に報告するとともに、ひろく市民に公示しなければならない。

報告は、「報告書」により行なうのだが、その報告書が一部の年を除いて存在していないことも判明した。そして、公示したという文書も、過去七年間は存在していない。監査する役割の監査委員は二名いる。一名は知識を有するということで、税理士などがその任にあり、もう一人は議会選出の議員が担う。監査報告がないということは、その監査委員二人が仕事をしていないことになる。

市の文書規定によると、監査の種類で違いはあるが、年二回の定期監査報告書は、「永久保存文書」となっている。これらの原本が存在しないということだから驚きだ。これは、市の事業について疑問を持っていた一市民が、文書の情報公開を求めたことで明らかになったもの。議会で追求してほしいと、情報を寄せてくれた。

駅周辺の整備調査を民間企業に委託したが、その調査報告があまりにもずさんなので、その委託に対しての監査委員の判断を知りたかったのだという。関係する三年間の報告書の開示を求めたが、監査事務局は、そんな書類はないという。

この方は、二人の監査委員にも説明を求めたが、監査委員は逃げ回っているとも聞いた。民間の監査委員は、市長の取り巻きのひとりで、もうひとりの議会選出の監査委員は、公明党の議員だ。監査委員を担うことにかなりの報酬が支払われるので、便益のひとつという認識なのだろう。地方自治の実態はこんなものなのだ。

2. 団体が個人意思を支配する

南部が市長選に立候補するという結論を出すのは、議会を傍聴してきたので、智茂子にはわかり過ぎるほどわかる。でも、その南部の思いは、人間の体臭が漂う選挙というものとは、別ものではないかと思う。清瀬を変えたい、変えなければというのだろうが、現実の選挙というものは、そんなものではないという気がする。智茂子は、南部と中田の二人とは、清瀬の政治状況の考え方が違うように思う。そして、二人には、清瀬の明治以降の近代史を考えてほしいと思った。

市長を代えるということは、市役所という職場を変えるということになる。変える必然性は理解できるが、その変え方へのプロセスが、智茂子と南部たちとでは違うようだ。南部は、市長は人事権を持つし、政策決定権も持つから、市役所のトップを変えれば市役所が変わるという考えだろう。でも、智茂子の考えは違う。智茂子の考えの基本は、「市民は市民以上の首長をもつことはできない」というものだ。市民が変わらなければ市長を代えることはできないし、市が変わらないのは、その市民が、今の体制の変革を求めていないからだ。

結局のところ、智茂子と南部の違いは、清瀬市民の捉えかたの違いだと思う。それは、異なる考え方や意見を尊重し、評価する文化が、この街にあるのかということにもなる。智茂子はないという考えだし、南部の考えはきっとこうだろう。ないのかもしれないが、あることを期待すると。

「現職市長も出るのでしょう。自民党と公明党が応援するのでしょう。それに対抗しようというのだから、勝てるはずありませんよ。貴方を応援する政党はありますか。組織の応援はあるんですか。立候補しても無理ですよ」

智茂子が相談を受けたとき、南部が勝てる要素はないと、素人の立場から話をした。市議会の与党といえば自民党と公明党となり、共産党も別の意味では与党といえる。中間政党・会派の力は期待できない。清瀬市議会は、一部を除いてオール与党体制ができている。それが、この一年ばかり議会を傍聴し、清瀬の政治を見つづけてきた智茂子の結論だった。

南部が勝てない理由は他にもある。そのひとつは、現職は市内の各種団体を抑えているからだ。団体を抑えるといっても、その意味は単純なものではない。それは、日本社会のどこにでもある団体とともに、明治以来の清瀬の歴史を踏まえた団体が、そこに加わるということだ。そして、その団体は、眼に見えるものもあるし、見えないものもある。言葉・文字で表現できるものもあるし、表現できないものもあるということだ。

団体といってもその団体を構成する人すべては、その団体の意思に従わないことは承知している。でも、日本社会を見回すと、所属する組織の強い指示があれば、そのほとんどはその指示に従うだろう。選挙についても所属する団体の指示があれば、自分の意思で投票できる人はそう多くはいないはず。自立した個人の集まりが団体なのだが、現実は逆転している。個人は自立できていないのに、団体ばかりが、その団体の存続・増殖に励んでいる。自立しきれない個人を、わるい意味で自立した団体が支配している。これが日本社会なのだろう。

どこにでもある団体では宗教団体、農業団体、建設団体、スポーツ・文化団体、商店会と、あらゆる民間団体が現職市長の応援団となる。これらの団体は、行政を媒介として人的、物的、そして精神的な結びつきを強め、体制の翼賛団体になっている。

選挙に影響を与えるもうひとつの団体として、公共団体がある。清瀬には大企業も大工場もないので、企業ぐるみ選挙はさほど聞こえないが、そのかわりに、市役所をはじめとした公共団体が、同じ役割を果たしている。会社ぐるみではなく、役所ぐるみ選挙というのだろうか。そのなかでは、六〇〇人もいる市職員がどう動くかが大きく影響する。

公務員の選挙運動は禁止されているはず。でも、四年前の選挙では、部課長が票集めに活躍したという。こんなことが他の市でおこなわれたら、即、選挙違反となるのだが、だれもが知っていることでも、不思議なことにこの市ではそうはならない。電話での投票依頼と、酒食の席でそれとない依頼がされていると聞くが、電話の依頼ならば証拠は残らない。昔の選挙では、選挙事務所に詰める部課長の姿もよく見られたそうだが、昨今はそこまではやらないだろう。でも、それに近いことはある。それは、ある課長が、現職市長の運動員として、自分の車で関係者の送迎をしていたという話。その課長は、市長選挙に関わっていることを、手柄話しとでも思ったのだろうか。あまり聞きたくないのだが、ここまでくると、はっきりとした選挙違反になるだろう。

職員組合もあるが、現職の市長は自分たちのOBで、しかも組合の委員長か書記長を経験しているはず。その影響力もあってか、組合は批判勢力とはなりきれない。何しろ前回は現職市長を応援しているし、今回は、現職は応援しないまでも、対立候補を応援するとはならないだろう。そして、職員自身にしても、自分たちの先輩である現職市長に逆らうことは、かなりの勇気を必要とする。いじめ、左遷といった例はこと欠かない。沈黙するばかりだろう。

それに市の外郭団体もある。清瀬都市開発株式会社、文化事業団がそれで、これらの団体には市の出向者もいるが、大半は民間人なので選挙運動は自由だ。清瀬都市開発は、再開発ビルの管理が主な業務で、現職市長がその会社の社長となっていて、会社の幹部職員は市を退職した職員。文化事業団は市民センターという集会施設の管理業務を担当していて、その幹部職員もやはり元職員。こちらの方は民間人が多く採用されていて、そのうちの何人かは、現職市長の運動員として活躍する。市が補助金を支出している高齢者事業団や社会福祉協議会という団体もある。これらも公共性を保たなければいけない団体なのだが、やはり民間団体なので、市職員の出向者を除いて、役員や職員も民間人。選挙でどう動くかは想像できる。

市民と行政の接点となるものに、男女共同参画センター、消費生活センター、そして最近できた市民活動センターがあるが、これらの施設の職員は、選挙対策の最前線にいる。なんせ接する市民の方に、現職市長が敗れると施設が閉鎖に追い込まれると、吹聴するのだという。行政にとっては、よく役に立つ職員ということになる。

市内にある医療施設や福祉施設も、集票にかなりのウエートを占める。不在者投票の対象施設となっているところもあるが、それらの施設では、施設の管理者が投票の立会人となる。管理者の意向が、施設入居者の投票行為に影響を与えることになる。施設の中には、市から補助金も出ているところもあるが、補助金は、現職市長からのものではなく、行政機関からなのだが、それは理屈で、市長個人の裁量なのだと錯覚してしまう。あとは阿吽の呼吸となる。

これらの団体と行政の結びつきは、半世紀近くわたっての保守市政のたまものなのだろう。

市議会議員の選挙となると別の動きもあるが、市長選ともなると、これらの団体のほとんどは、選挙マシーンに変身する。そして、そこには、部外者が入り込む余地はなく、それぞれ団体・施設のなかにも大きなひび割れなどはない。

「それに共産党はどうなんですか。協力してくれますか」

政党の動きがすべてというわけではないだろう。今の政治状況を反映してか、無党派層が大きな力を持っている。でもそれは、無党派層が投票に行くということが前提になる。どこでもおなじだろうが、無党派層は政治に冷めており、選挙は関心がない。清瀬市の投票率は五〇％ちょっとぐらいだろう。その五〇％のこれまた五〇％を占めれば多数派となり、結局は二五％の市民の意思が全体を支配する。

そうなると、投票所にどういう人が足を運ぶかが問題だ。まず宗教団体の人が一番先に足を運ぶだろう。これらの人は、選挙運動、投票行為が宗教という精神世界と結びつき、即、おのれの幸せとなり、だれよりも選挙は熱心となる。そして次ぎには、その宗教団体の人に投票を依頼された人たちがいる。公明党では、これをＦ票というそうで、Ｆはフレンドのことで、不在者投票も最大限に活用して、フレンド票をふやす。三番目には、本村を中心とした、仲良しグループに加入している人たちだろう。自分たちの利害に関わるので、投票行為は欠かせない。本村の人のなかでも、いじめにあってグループから除外されている人もいるにはいるが、でもそれらの人は小数派で、さほどの影響力はない。

そして最後は来たり者となる。残念ながらこの人たちの過半は投票しない。土地を所有していても自分の宅地だけで、土地に絡む行政の協力は必要としないし、行政との商売上の取引もない。行政との関わりは薄くなる。それに、その来たり者は、七、八年で三分の一ほどが入れ替ってしまう。来たり者でも市政に関心をもつ人はいる。でもこの関心を持つ人たちは、斜に構えていて、どうせ何をやっても変わらない、選挙に行っても変わらないからと、行動は起さない。

3. 見識が疑われる人が見識を疑う

他の政党はどうだろうか。自民党も公明党も現職か、現職が立候補しない場合でも、その後継者を応援する。自民党の本来の中枢部は商工業者であり、企業の経営者なのだろうが、清瀬の場合は、その中枢は本村の人たちになる。

公明党の応援を受けるには、ちょっと複雑になるが、党の母体である宗教団体の信者になることが近道だ。本人でなくても、その配偶者でもかまわないだろうが、清瀬の隣の隣の市長は、夫婦でにわか信者になったという。でもこれはまだ良心的な方で、なかには三つか四つの宗教団体の信者になった市長がいる。宗教が政治の手段となってしまい、神や仏は迷惑しているのではと心配になる。

それなら、市議会で第二の勢力を持ち、与党と野党を使い分ける共産党はどうなのか、やはり気になる。

「共産党からは、市長選挙をいっしょにやろうと話があったので、こちらもいっしょにやろうと言っているんですが、返事はまだきませんね」

南部が説明してくれる。南部は、共産党がいっしょにやってくれると思っているようだ。智茂子の考えとは違う。智茂子が議会を傍聴していて、感じることとは別のようだ。確かに南部と共産党の政策は近いだろう。国の政治課題ついては、ほとんど同じ意見のようだ。ときには南部のほうが原則的な対応をするときだってある。清瀬市に関わることでもそんなに違いはない。それなので、政策のことを考えると、共産党が南部を応援することもあるのではと、錯覚してしまうのだろう。

でも本当にそうだろうか。智茂子の考えは違う。同じ議場の中にいても、議員の席と傍聴者の席は違うようだ。ただその位置する高さが違うというだけではなく、微妙な空気の違いがあるようだ。議員には見えなくて、傍聴者に見えることがあるのだろう。

一番わかりやすいのはヤジだと思う。議員の発言に、ヤジが飛ぶのだが、発するのはもっぱら議員だ。傍聴者も我慢できなくなってたまにはヤジるが、議長は、議員には甘いが傍聴者には厳しく、退席させると傍聴者を牽制する。傍聴者はこんな脅かしにはめげずに、ヤジを飛ばし続けて、ヤジを客観的に観察する。そして、そのヤジの洗礼は、南部議員が一番多くなる。南部議員は、行政批判、市長批判を、相手側の逃げ道をふさいで、とことんおこなう。これでは多くなるのもあたりまえ。でもそのヤジには、その内容とともに、その発生者がだれかということも意味を持つ。

南部議員へのヤジは、市長を支える自民党からのものが多いし、それに、共産党議員も自民党と同じくらい多くなる。とくに南部が市長批判をはじめると、その傾向が強くなる。自民党のヤジは単純なので直球だが、共産党のものは屈折していて、よく観察してないと理解できない。でも、傍聴の場数を踏んでいる智茂子にはわかる。行政と市長を守る立場からのヤジだということを。公明党はどうかというと、この党の議員は、南部が行政や市長個人を追及してもあまり関心は示さない。南部の発言のときはかなりおとなしい。公明党議員が元気になるのは、共産党議員が公明党を批判しているときだ。

「いっしょにやろうと共産党がいうのは本当ですか。それはだれか別の人が候補者の場合にということでしょう。南部さんが候補者では、共産党は応援しませんよ」

「わかりませんよ。前回は共産党候補を応援したので、今回は共産党が南部を推すことだって考えられますよ」

今度は中田が説明する。

智茂子が経験している市長選は、三回あった。でも最初のころの選挙はあまり記憶がない。引っ越してまだ間もなく、地域への関心がなかったこともあるが、候補者その人を知らなかったからだ。でも前回の選挙はよく覚えている。今の現職市長と共産党が押す候補の一騎打ちになった選挙で、結果は現職が勝った。この選挙で南部は、共産党が推す候補を応援したようだ。

中田の考えは甘いと思う。共産党の基本的な考え方がわかっていないと。昔の共産党は官僚的な組織であり、党が組織的な決定をする場合は、党官僚が決定権を持っていた。議員といえどもそのコントロール下にあり、さほどの権限はなかっただろう。でも今は違っていて、議員主導の議員政党に変わっている。市長選挙については、市議会議員の結論がすべてだと理解したほうがいい。そしてその議員は、現職市長への批判勢力とはならない。このことを中田は理解していないのではと思う。

共産党の考えはきっとこうだろう。選挙は、共産党が推す候補はどうせ当選しない。本当は現職を応援したいのだが、そうかといって建前上は応援できない。自民党と公明党が応援する以上、そこに割り込むことはできないし、支持者の手前もあるからだ。では、どうすればいいかだが、勝つ要素がない以上、アリバイ的に候補者を擁立すればいいだけの話だ。前回の選挙がそうだったし、聞けば、前々回もそうだったという。市長選敗北が、党の致命傷にならなければという考えだろう。それなのに、南部が立候補するというのは、その路線に波風を立ててしまうことになる。現職市長をあれほど追及している南部は、応援できないということだろう。悩むことはあったにしても、共産党の結論はきまっている。

二月のはじめ、新聞に南部の立候補表明の記事が載る。まだ現職も態度をあきらかにしていないし、その他にも、立候補表明の言葉は聞かれない。智茂子へは、明日の新聞に記事が出ると、南部が自分で電話をしてきていた。とうとう決めたのかと思う。そして、立候補には反対だという智茂子の意見は、取り入れなかったのだと思う。

智茂子は、南部へのいじめが気になってならない。南部は市長批判の急先鋒だった。市長を支える政党の議員から、いろいろないじめに合う。そのなかでは、自民党からのいじめが多くなる。まだ、発言を封じるということまではしないが、そのうちそうなるのではと思っている。でも、ときにはそのいじめが空回りもする。市政調査費の一件では、自民党による南部へのいじめで、かえって自分たちに火の粉が降りかかる。

議員には、議員報酬のほかに市政調査費というお金が出るが、個人ではなく議会の会派に経費として支給されるもの。これは、税金の対象外となる。そして、その額は区議会や大きな市では、議員ひとりあたり月額二〇万を越えているが、清瀬市は一万円。

ある市民の方が、この調査費がちゃんと使われているか関心を持ったが、といってもその方が調べたのは、南部が所属する会派のものだけだった。自民党の議員が口を滑らしたが、この市民の方はあの吉川だという。吉川とは議会のあの傍聴仲間のこと。どうも、南部が市長を批判ばかりしているので、その牽制のために調べたようだ。そして、このことを南部から聞いた中田も調査をはじめた。中田の場合は、公平を期すためだとして、自民党と南部の会派も加えて、二つの会派を調べたという。調べた結果は、南部の会派の方は問題がなかったが、自民党の方はそうはいかない。過去五年分の市政調査費のうち三年分は領収書がなく、残りのなかの一年分も、領収書の発行者がどうもあやしかったという。

この市政調査費は、議員とお金にまつわる話題があちこちから聞こえてくるので、新たに法制化されたもの。使い道は、視察のための交通費・宿泊費や書籍購入費などだという。月額一万円でも、自民党一〇人の議員の一年分では一二〇万円になり、五年間では、六〇〇万円にもなる。少なくない金額なのだが、何に使ったか証明できないでいる。

吉川は、自民党の味方をするために南部を牽制したつもりだったが、結果は反対で、自民党の不祥事があきらかになる。自民党は悔しかったのだろう。自分たちの機関誌で、「南部の見識を疑う」と攻撃をする。「南部は議会でころころ変わる。総論反対各論賛成などとわけのわからないことを言う」というもの。

一方の南部も負けてはいない。自分が発行する『市議会ニュース』で、「委員会を招集しても招集者の委員長は農協の旅行で欠席。コミュニティーバス導入で市長が反対すれば反対で、市長が賛成すれば即賛成。見識を疑われる自民党議員に見識を疑われたくない」と、反論する。自民党の南部攻撃の論理は、議会を傍聴していればわかることだが、それは自民党議員の理解不足というもの。とくに「総論反対各論賛成」への批判は、行政改革などで「総論賛成各論反対」と言う表現があるが、掛け声だけの行政改革では意味がない、各論である具体的な改革が必要だと、別の表現で言っているにすぎない。南部の発言は抽象的すぎて理解できないのだろうか。そして、南部へのいじめは、今度は緑地問題となる。やはりそうなるのかと思った。「南部は緑地保存に反対した」と、これも自民党の機関誌で書かれている。議会で、市が国有地を購入することに疑問の発言をしたことが原因のようだ。おばあさんの緑地のことも、南部への攻撃材料になる。これは現職市長のチラシだが、「白昼堂々、公務妨害、道路の拡幅と山林の保存」と書いてある。白昼堂々の方は、南部ではなく中田のこと。地主であるおばあさんに、「市に土地を寄付しても、何に使われるかはわからない」「土地を寄付するにしても、現在の市長の間はやめたほうがいい」と、オンブズマンの中田が発言しているのが、けしからんというもの。そして、「こういう妨害行為はあるまじき行為であり云々」とも書いている。南部については、「市民オンブズマン代表の市議も大きくかかわっている」として、代表をしている南部をそれとなく攻撃している。

中田に言ってはいないが、智茂子は、おばあさんの土地のことについては、どうも中田の話の方に歩があるように思える。驚くのは行政側の過剰な反応だ。強大な権力を持つ行政たるものは鷹揚に構え、この程度の悪口ぐらいでは、意に介さないのがノーマルな姿だろう。これでは、中田に図星をさされたといっているようなもの。少しの行政批判も許さないということこそ、あるまじき行為だと思う。

どこでも同じだろうが、公共施設が建設されるということは、儲けの対象となる。建物の建設をどこの企業が請け負うかも意味を持つが、それはひところ建設費の三％が賄賂相場だといわれていたからだ。でも今は、世間の監視と、経済情勢がそこまでは許さないとは思うが、そこそこは可能だろう。そして、この地の伝統は、行政と組んでの土地の簒奪ということになる。農地改革以来の伝統なのだろうが、下宿三丁目に設置された汚水処理場建設のときのある人物の暗躍ぶりは、いまだに語り継がれている。処理場建設計画をいち早く知って、土地の買占めに走った人はだれだろうか。その金庫番として暗躍し、権力掌握の階段を上がっていった人物も。そして、土地買収のための測量のときに、登記上の面積と実測上の面積が違うということがあるが、ここでも土地の簒奪という暗躍の場を提供する。

おばあさんは、清瀬の土地にまつわることを、智茂子にいっぱい話してくれた。行政と仲良くすれば、その恩恵も受けられるが、正義心が頭をもたげると、こっぴどくやられてしまうことを。自分のことでは、自分の土地と接する工場と、トラブルを抱えていることも話してくれた。おばあさんの言い分は、自分の土地との境界を示す石が、かってに移動させられてしまうというものだった。

4. 仲良しクラブは清瀬を制する

南部と中田と智茂子の三人による話し合いは、一度だけで終わった。今も南部の市長選への出馬については、賛成できないという考えは変わらない。清瀬の現状では南部に勝ち目はないということもあるが、清瀬を変えようという、そんな努力をする必要があるのかとも思う。南部と、南部を応援するという中田の主張は理解するが、そこまで思いをよせることが、この清瀬にふさわしいかどうか疑問だからだ。

智茂子は、市長を頂点として、幹部職員、議員、各種公職者、そして取引企業・商店と続く、仲良しグループの存在を知ってしまっていた。そのグループは、その存在に敵対しない限り、対応はそれなりにソフトだ。しかし、ひとたび敵対しようものなら、なりふりかまわず攻撃してくる。そんな仲良しグループを敵に回すのなら、選挙という同じ次元で闘ってはだめだということだ。

まず問題となるのは、清瀬市政の現状をいったいどのくらいの人が知っているかということだろう。不祥事が次々とあきらかになっても、関心を持つのはひとにぎりの人になる。大多数の市民は、どこのだれが、どういう問題を起そうとも関心がない。不祥事が起こり、お金の使い方に疑問が生じる。これらのことは、最後には、一人ひとりの市民の財布に影響するのだが、そんな実感はないのだろう。市民は、日々の生活のことで頭のなかは一杯なのだ。

交通事故の話がある。事故にはならないが、事故直前というものが三〇回あって一つの小さな事故が起きる。そして、小さな事故が三〇回も発生すると、それは一つの大事故に結びつくという。これがなにかの法則だという。補助金の不正取得、公金横領、資源物売却代金の横領、業者への付回しと、明らかになったいろいろなことがある。でも智茂子が知っているこれらのことは、小さなものなのだろう。法則によれば、そろそろ大きな不祥事が明らかになるはずだが、智茂子に聞こえてくるのは昔の不祥事であり、時効となっているものばかり。

最近のことでも、大きな不祥事を知ってはいるが、確かな証拠というものはないようだ。書類等の物的証拠とともに、関係者の証言というのも立派な証拠だが、仲良しグループの離脱者は、自分の首を締めることにもなるので証言はしないだろう。現状に関心を示す人はいるだろうが、それは問題だ、市を変えようと思う人となると、期待はできないだろう。関心をよせてはいても、その過半は、仲良しグループに連なる人だったりするからだ。

『公職者名簿』という市が発行している冊子がある。五〇ページほどのものだが、そこには、最初に市長、助役、収入役、そして教育長という市理事者の名前が書かれている。そして、市議会議員、公文書開示審査会委員、固定資産評価審査会委員、防災協会役員、商工会役員、建設組合役員、社会教育委員、地区婦人会会長以下、一〇〇をこえる団体の名簿が記載してある。

これらに名を連ねている人のなかには、厳正中立の立場の人もいるだろう。でもそれらの大半の人は、選挙になればどういう行動をとるかおのずと知れる。その公職は自主的なものもあるが、半数以上はその任命権者は現政権であり、その影響下にあるだろう。選挙になればその動きかたも想像がつく。

取引企業の場合は、もっとはっきりする。建設、水道、電気などの工事業者のなかには、売上の過半が行政関係という企業もある。そのために、市長への政治献金もしたのだろうが、これらの企業は、政権交代は求めないだろう。今のままでは仕事もあるが、政権が変われば、これまで同様に仕事があるという保証はだれもしてくれない。反旗をひるがえす企業があるとすれば、談合に加われない、加わらない企業になるが、まだその兆しはない。

次は商店だが、清瀬駅の南口側に店を構えている商店は、その成立は各種医療施設と深く関わっている。最初は、病院への見舞い客相手の店ができて、それをきっかけとし、医療施設との取引を通じて商店街へと発展していったという。そして、その商店の経営者は、もともとこの地を入会地としていた本村出身の人たちが多くいる。役所の備品調達先は、その種類よって、防災備品はどこの会社、電気製品はどこの商店、教育備品はどこの店と決まっている。随意契約の時など、担当職員が自分の裁量で業者を決めようとすると、天の声が下ってレッドカードものだという。

智茂子が議会の委員会を傍聴していたときだったが、クーラー設置の補正予算について論議があった。設置予算額が四十数万だったので、設置場所はどこで、何台分かと聞いた議員がいたが、説明では、設置場所は狭い会議室で一台分とのこと。家庭用ならば、安売り店では一〇万円前後で売っている。一台が四十数万円と聞いて、智茂子は驚いた。そして、その購入先だが、市内の商店だという。業界では行政価格というものがあって、役所が購入すれば、市価より二割ほど高くなるという。市民感覚では、量販店で安価なものを調達するべきだと思うが、無理な相談のようだ。

今はもう時効なのだが、これと同じことで、土地購入で清瀬価格というものを聞いている。学校を新設するために用地を買収するのだが、価格がかなり高くて、都の担当者に疑われて困ったと話してくれた。教えてくれた職員は昔その担当だったという。補助金をあてにして用地を取得するのだが、同時期に購入していた練馬の学校用地より、一平米あたり七〇〇〇円ほど高かったそうだ。そして、都の担当者から、「どうして清瀬の土地価格はこんなに高いのか。練馬より都会なのか」と皮肉られたという。その学校の場所は清瀬駅からかなりの距離で、そんなに高いはずはないという。

これも同じく学校用地買収のときの話だが、別の学校とのこと。実際に購入した土地の面積と、事前に都に申請していた面積とが、なぜか違っていたという。どこかにその分の土地が消えちゃったことになる。都は実測まではしないのでばれないのだが、ひやひやものだったと話してくれた。これも時効なのだろうか。

このように、仲良しグループの会員の絆は、役所を媒介として深く結ばれる。そして、その会員は、数百人はくだらないのではないかと思う。そして、その縁につらなる人がまた多くなる。市長選に立候補しようというのだから、その仲良しグループと対抗するということになる。勝算があるとは思えない。

5. 清瀬を冒瀆すると黙っていない

三月半ばになり、共産党が市長候補を擁立した。そしてその名乗りを待つかのように、現職市長も立候補を表明する。

選挙近くなると、普段はのんびりしている議員たちもいっせいに走り出す。「市議会議員選挙に立候補します。ご支援を」「投票してください」などの投票を直接依頼することは、選挙違反なのだが、口頭ならば証拠は残らない。後援会活動をしています。合法的な活動です。と、個別訪問がはじまり、各戸にチラシが配布される。チラシは、議員個人の通信や政党の機関誌号外などだが、清瀬は市長選挙と市議会議員選挙がいっしょにおこなわれるため、チラシの種類も多くなる。

チラシをよく読むとわかるが、三種類のものがあるようだ。ひとつは、自分の過去の実績報告を中心にしたもので、あれもこれもやりましたというもの。もうひとつは政策を中心にしたもので、これからこうしたい、こうすべきだという内容。そして三種類目は、他党や、他人批判に専念しているチラシだ。南部が発行するチラシは、政策的なものもあるが、現職市長に関わるものもあり、その内容は個人的行為の批判に及ぶ。そして、自民党議員への批判もそこに加わる。現職市長が一番怒ったのが、「開発しても公園は私有で管理は市／市長の親族だから認めるのですか」というチラシだろうか。このことについては、智茂子も知っていた。議会の傍聴席で、中田がひそひそと教えてくれたことだ。またまた土地問題となる。

開発行為の事前協議制というものがある。一定規模以上の土地を開発する事業者、地主は、開発を実施する前に市と協議をして、その協議事項を守ることになる。そして、その協議の内容のひとつに、公園を設置したり道路を取り付けて、市に寄付をするということがある。しかし、市長の親族の地主は、賃貸マンション三棟を建てたのだが、開発があって一〇年も経過するが、いまだに公園と道路は寄付をしていないというものだ。

市長とこの親族に関わる裏の話は知らない。でも他の開発行為の例では、公園になった土地の所有権は市に移っており、その管理も市がおこなっている。市内のあちこちに小さな公園ができているのは、開発行為があったということの証であり、それらは清瀬市立公園となる。でも、市長の親族が開発した区域にある公園は、いまだにその親族が所有している。それに加えて、その公園は市の費用で管理をしている。

現職市長は南部に反論して、「市長の親族だからこそよい公園を作っています」と、自分のチラシに書いているが、その整備費用の出所も心配となる。いい公園では、さぞかしその費用もかかったのだろうと。では、なぜそんなことをするのかというと、二つの理由があるようだ。ひとつは税金対策のためということと、もうひとつは簡単なことだが、その公園用地を第三者に売却するためなのだろう。行政が便宜を図ると、いろいろなことができてしまう。現職市長は、図星を指されてか、こんな反論をする。

「市の開発要綱に基づいてきちんと協議をしてできたものです。遊具も揃い、樹木も植えられ、同種の開発で一番良い公園となっており、近隣の不特定多数の市民が利用しているものです。……現市長への嫌がらせです」

一番良い公園かどうか、市民の利用があるかどうかはどうでもいいが、問題は「開発要綱」のことだ。この論理を認めるならば、清瀬市の要綱では、開発しても公園の所有は地主のままでいいことになる。それならば、今度は都市計画法に違反しないのだろうかと心配になる。法の施行規則では、公園や緑地の割合は開発面積の三％で、これに三％の都条例の上乗せ分が加わるはず。開発をしても所有権を移さないで、そのままというのは、ことは都市計画に関わることなので、東京都との関係がどうなっているのか気になる。都営住宅で、都との約束を違えて利用したという前科がある清瀬市、開発しても公園の名義変更をしないのでは、都は受け付けないだろうと思った。やはりそうだった。都にある書類では、公園の名義は市になっていた。都の文書は『開発登録簿』というもので、中田がそのコピーを見せて説明をする。開発行為をして、これこれこうなったと記載してある書類で、そこには公園も、そして道路も、その所有者は清瀬市となっていた。そして、この文書について都の多摩建築指導事務所長は、「本開発行為については、平成六年三月一四日に完了検査済証を発行しており、完了検査時点では、開発登録簿調書と合致していた」と説明している。

どちらの記述が本当なのだろうか。『開発登録簿』の記述が単なるメモであり、法的に意味がないなら別だが、そんなことはないだろう。都の書類が事実ならば、市が作成した文書はそれと明らかに違っている。市の行為は、虚偽公文書作成か公文書偽造にならないのだろうか。公文書偽造の場合は、刑法一五五条の規定で一年以上、一〇年以下の懲役となる。後は、時効の問題の問題だが、いずれにしても違法は違法だ。

でも、現職市長は、そんなことはお構いなしに、南部攻撃を続ける。チラシの配布は仲良しグループの人たちが動員されている。「……このような例は他にもあり、特別なものではありません」「嘘ででっち上げの情報を流しております。……南部氏らの中傷はでたらめばかりで、……」「……あたかも正義の味方を連想させるオンブズマンを名乗っていますが、きわめて不純な動機で結成されたグループであるように思います」と。

智茂子は、市長の親族だから、市は便宜を図ったのだと思ったが、まだこういう例はあると、自分で白状している。きっと仲良しグループの一員には、便宜を図るのかと。そして、オンブズマンを結成した不純やらの動機のことも聞いてみたい。

まだある。「人の揚げ足取りに終始し、公約したことと、やってきたことがまるで違うといわれている人です。……市議会議員としての実績もなく、まちづくりの夢もなく、ただ市長の椅子に執着するように思えるこの人に、私たちの町・清瀬市を任せられるのでしょうか」。あまり気持ちのいい内容ではない。ここまで個人攻撃をすると、選挙法違反になるのではと思うが、今の法制度では文書違反は微罪で、検察も警察も取りあげない。それに警察も現職には弱腰のようで、言葉は悪いが、やればやっただけ得となってしまうようだ。

そして、チラシの「揚げ足取り」云々は、やはりと思う。注意をして書いているのだろうが、どうしても本音が出てしまうようだ。揚げ足を取っているかどうかには、南部の反論もあるだろうが、言えることは「取られてしまう足」があるということだろう。足がつく悪いことはしちゃいけないということだ。そして、公約したこと云々は、南部の公約が何で、公約とどういう違うことをやってきたのか、現職市長たるもの立証しなければいけない。議員としての実績云々については、確かに、南部には実績はないだろうと思う。でもそれには説明が必要だ。現職市長に媚びて利権漁りに加わらないので、そういう実績はないということだ。

智茂子は、南部が関わったこんなことを知っている。養護教員から聞いた学校の眼科検診のことだ。ある大学病院が、一手に市内の小学校の検診を行なっているが、疑問があって南部に相談したという。その内容は、「検診項目は学校保健法の施行規則で決められているのだが、清瀬では、その決められた項目以外の検診を行なっている。改善してほしい」というもの。検診は角膜ポトグラフィーというもので、東京で唯一、清瀬だけが実施していた。目を開けさせて強い光を照射するものだという。目に涙をいっぱいためる子、長時間目が痛くなる子、そして一時的に目が見えなくなる子など、被害が続出するのだという。大学病院が規則以外の検診をするのは研究実験のためで、長期にわたる多人数の子どもたちのデーターがほしいため。都は、子どもたちのプライバシー侵害ともなるので、実施するならば、子どもと保護者の了解を取れという指導をしていた。

清瀬でどうしてこういう検診をするのかというと、子どもたちのためではなく、財政上の問題からだという。教育委員会は費用を安くできないかと大学病院に求めたら、大学病院側は、それならばこちらが望む検査項目も入れてくれ、それならば安くするからとなり、双方の思惑が一致したとのことだ。南部はこのことを取りあげて、その改善を求めたという。これなどは、間違っても、あの人たちのいう実績にはならないだろう。

それに「市長の椅子に執着」については、びっくりしてしまう。市長選挙に立候補を表明しているということは、市長の椅子に執着することになる。執着するなとは、南部もまた来たり者のはずだが、来たり者は市長選に立候補をしちゃいけないとでもいうのだろうか。智茂子のこんな論理は、決して理解できないのだろうが、言いたくもなる。

南部は自民党議員についても批判しているが、こちらの方は、反論はまだないようだ。批判は私立幼稚園のこと。「園舎増築の事前届け出義務違反。園庭が狭くなり基準に違反していないのか」という内容。そして、南部が指摘した幼稚園は、過去に「ブランコ事故訴訟」という事件があり、これは園庭が狭いことが事故の原因になったのだという。

ブランコで遊んでいた五歳の園児が事故で負傷したとして、幼稚園の管理責任を問う裁判だった。東京地裁では、原告である園児の母のフイッシュ良枝さんは敗訴する。しかし、高裁では一転して幼稚園側が一〇〇万円の慰謝料を支払って和解する。事故については、あったという子どもの証言は採用しないし、幼稚園の日誌は、事故があったとされる当日の分だけが、抜き取られたか紛失してか、存在しないので証明もできないという。でも、この幼稚園は、その園児を他の幼稚園に転園することを妨害したということで、和解金の支払いとなったもの。

清瀬市議会には、裁判の当事者も含めて、幼稚園経営者の議員が四人いる。そしてそれらの議員は、すべて自民党会派の所属。幼稚園の経営者が議員をしているのは、別にめずらしくもなく、悪いことでもないだろう。園児の保護者が支持者となるので、当選しやすいのだろうか、全国どこの議会でも一人や二人はいる。でも清瀬市議会は四人、ちょっと多い気がする。

議会は多数決で決まる。清瀬市議会の定数は二六人で、自民党と公明党で一五人。議長は自民党だが、それでも二つの会派で一四人になり過半数を占める。次には、二つの会派で過半数ならば、過半数の過半数が全体を制することになる。自民党と公明党で意見が割れることはないので、自民党の意見がそのままとおる。そして最後に、自民党の中の四人が一致結束し、強い目的をもって事にあたれば、その四人が、議会の意思を決定してしまう。考えすぎだろうか。清瀬には市立幼稚園がひとつあるが、民業を圧迫するということで、この幼稚園は風前のともしびとなっている。この四人の強い意思なのだろうか。

市立幼稚園には幼稚園バスは使ってはいけない、積極的な園児集めはするなという制限を加えながら、一方では、金の使いすぎだと追及する。私立と公立といっても、同じ事業をしているので、人件費以外の経費はそれほど変わらない。でも、私立幼稚園には、市を通じて都の補助金がでるが、市立の場合は市が運営するのだから市が支出するのであり、補助金という考えは成り立たない。結果として市の持ち出しが多くなる。それが、金の使いすぎになるのだという。保育園も幼稚園とおなじ理屈だ。保育園にも市立と私立があるが、市立を廃園に追い込み、私立保育園に転換させようという考えだ。そして、今度はその保育園を、市立幼稚園経営者が経営するのだという。公立保育園の分捕り合戦がやがてはじまる。

幼稚園の経営者が議員をやってはいけないとは言わない。そんなのは自由だ。でも、公立と私立ではその役割が違うはずだ。智茂子は思う。経営・経済優先の経営者であってもけっこうだが、子どもたちのよりよい教育・保育を求める議員の立場はどうしたのかと。南部のチラシからは、こんなことが読み取れてしまう。

でも、これまでのチラシは、それでも発行者がはっきりしていた。しかし、この清瀬でも、発行者をあきらかにせずに他人を脅かす「怪文書」が登場する。どこの選挙でもおなじみのものだが、清瀬はその量が特別に多いようだ。そして、その質も悪い。その怪文書といわれるものは、不特定多数に配られるものもあるが、特定の個人に対して出されるものがある。こちらの方が怖い。「これ以上、清瀬市を冒瀆するような行為に出た場合は、黙ってはいない」という文書が、中田の元に送られてきたという。黙っていないとは、まさか命まで取るというのではないだろうが、怖い話だ。中田が南部と一緒にオンブズマンをやっているからだろうか。でもまだこれはいい方で、過去には、「だれだれは放火をした犯罪者である」というような、個人攻撃のビラも配布されている。

どこで支持者と知ったのか、南部の支持者へいやがらせ電話があるそうだが、なぜか智茂子にもそういう電話がある。最近の電話は発信者がわかるのだが、そのいやがらせ電話は公衆電話か非通知となっているので、あくまでもその身を隠している。智茂子への電話は、「なぜ南部を応援するのだ。あいつは議会で居眠りばかりしている。議案の採決でもころころかわる」というもの。居眠りについては、「睡眠時無呼吸症とかで、居眠りが多くなるとも聞くが、関知はしない。南部の瞼は、くだらない質問のときにはお休みするのだろう」と答えておいた。そして、「貴方は議会を傍聴しているのですか」と訊ねたら、「そんなところへは行かない」と答えている。

中田が言うには、個人への怪文書も、各戸に配布される怪文書も、だれが書いてだれが配布しているかは先刻承知だという。でも、警察はそれほど熱心ではなく、事件化するのはむずかしいという。これもやり得になるのだろうか。市民の民主主義度というものがあるとするなら、怪文書の量・質と民主主義度は反比例するのではないかと思う。残念だが、清瀬では怪文書の質は悪く、量も多いようだ。

6. 頭を下げれば仲間に入れる

智茂子は大久保と出会った。あの議会の傍聴者席でメモばかりとっている人物だ。聞きたくないのだが、市長選の話になる。智茂子が南部の応援をするのかどうか知りたいのだろうか、話しかけてくる。

「南部さんはどうですかね。頑張っていますかね」

南部ががんばっていようがいまいが、大久保にとってはどうでもいいことだと思うが、話のきっかけがほしいようだ。

「南部さんのことは知りませんが、どうして共産党は候補者を出すの。南部さんでいいじゃないの。候補者を出すのは現職を助けるためなの。これまでの主張と違うじゃないの」

「僕は知らないよ。関係ないよ。いろんな考えがあってしたんじゃないの。それに共産党が出したわけではなく、市民団体が擁立したんだよ。共産党はその団体に参加しているだけだよ」

智茂子は、ちょうどいい機会なのでわざと聞く。共産党の考えは先刻承知なのだが、聞いても罰はあたらないだろう。なんといっても大久保の情報源は共産党の議員なのだから。

「南部さんが街の中で演説していたら、共産党と一緒にやろうよ、といって話しかけてきた人がいたそうよ。そしたら、その人があとで立候補表明をしたその人なんだって。本当のこと」

中田から聞いた話だが、南部の立候補表明を新聞で知ってか、「共産党と政策協定を結ぶ考えはありますか」と、南部に聞いた人がいたという。南部は、「政策協定以前の問題で、共産党は南部を応援しないということだ」と答えたという。そうすると、「山岸が反対しているのか、あれは癌だな」と、共産党議員の名前を挙げたのだという。南部に尋ねたその人物が、共産党が擁立した候補者ということになる。

大久保は、話が生臭くなってきたからか、話をそらして智茂子の質問には答えない。どうでもいいことだが、政治の話題は生臭くなる。そして、まだまだ生臭い話は続く。智茂子は、中田から聞き、中田は南部から聞くのだが、それが本当かどうかはわからない。智茂子にとっては、伝聞の伝聞になるし、その話の裏を取ることはできない。中田はこんなことも教えてくれた。

昨年末の議員忘年会の席だという。公明党の議員が南部に、「おれは怒ってやったよ」と話しかけてきたという。その話は、「市長サイドから選挙のことで相談があるというので、相談するメンバーはだれかと聞いたら、山岸がそのメンバーの一員だというんだ。山岸と同席できる話じゃないといって止めさせたよ」という内容だった。それは秘密にしてほしい話かと思ったが、そうではないという。

智茂子は思う。共産党の言動はどうも屈折しているようだ。現職市長を応援したいのなら、こそこそせずにはっきりと応援すればいいだけだと。そして、その屈折は、ほかの現職共産党議員にもあらわれる。その議員がある市民を訪問したときのこと。智茂子と同じように、「どうして南部さんたちと一緒にできないのか」とその市民の方は訊ねたそうだ。そうすると、その議員は、「私は南部さんでいいんですけど……」と、答えたという。

選挙が近づくといろいろなことがある。この場合はおこすという方が正しいのだろうが、自民党と共産党の議員が中心となり、変わった動きがあった。秋津駅南口は、再開発をするしないでいろいろあったところだが、駅に通じる市境の道の一部に私有地があり、その返還問題が浮上している。地主の言い分は、「三五年も無償で貸してきたが、清瀬市は善意に甘えて道の拡幅をしないできた。もう返してほしい」というもの。一方の市の言い分は、「長年の厚意には感謝している。いままで通りにお願いしたい」というもの。

これは、東村山と清瀬の両市で道を拡げたとき、清瀬側は拡がったが、東村山側が拡がらなかったという。そのため、清瀬側の地主の厚意で清瀬側を余分に拡げたのだという。その余分に拡げた部分を、市は買収せずに無償で借り続けていたことから、今回の返還要求となったもの。地主はその土地にビルを建設する計画で、都の建築確認もとっているという。

これだけならば別に問題はなく、東村山市を交えて、三者でよく話し合えばいいだけのこと。それなのに、選挙の二週間ほど前に配られたチラシが、秋津駅周辺に波風をたてる。そのチラシには、「地権者（○○）の土地返還要求で、秋津駅南口道路の安全が損なわれることを、私たちは、見過ごしにはできません」と書かれていて、住民集会への参加を呼びかける内容。そして、その文書の中には、地権者の実名（○○）が三ヶ所にわたって書かれている。「経済行為とはいえ、地権者には、ご協力を願いたいものです」ともある。これは、どう読んでも地権者の非をあきらかにするための集会のようだ。それに、市長や議員などの政治家ではなく、一市民の民間人の実名を書くことが不思議でならない。書かれる人の立場は考えないのだろうか。そして、非があるというなら、道路用地として自分の土地を無償で貸していた側ではなく、三五年間何もしなかった行政の側だろう。

この地主と行政は、何十年にもわたって冷たい関係が続いているという。ある自民党市議のこんな話を聞いたことがある。「野塩の〇〇さんも、市長に頭を下げて仲間に入ればいいのに、そしたらいい目が見られるのに」というものだ。その野塩の人がこの地主なのだろうか。そして、仲良しグループの一員になれば、利得があるというのだが、その中身はなんだろうか。

どこからか聞こえてきたが、これは、現職市長への側面支援のためだという。チラシには、議会の政党・会派のいくつかが名を連ねている。自民党、共産党などの名前はあるが、南部の会派の名前はない。南部といっしょにオンブズマンをしている中田が、この地主が経営する会社の社員。そのためこの集会には南部は協力しないだろう。そうすれば、南部は道路を拡げることに反対した。道が狭くなるのは南部の責任だ、とでも言いたいのだろうか。

議会で中間的な立場の議員は、こういうときは動揺する。中田から、貴方は承知でしていることなのかと聞かれると、「集会を呼びかけることは承知したが、チラシの内容までは知らなかった」と答えている。集会参加を呼びかけるチラシは、一部に配布されただけで配布中止となったという。一市民の名前を書いているので、あのままでは個人攻撃になると思ったのか、それとも一般市民は参加させないというのだろうか。でもチラシがほとんど配られていないのに、動員されたのか、政党関係者が二、三〇人が参加して、事前に用意した要請文を、異議なしで決めたのだという。そして、この会には、あの大久保が代表に選ばれている。

この話には付録がある。中野議員に、「呼びかけ会派にならないのなら集会に参加させない」と電話をしてきた議員がいたという。中野は南部が所属する会派の代表で、「別に集会に参加するつもりはない。でも、ひろく市民に参加を呼びかける一方で、特定の個人に対しては参加させないとは、何を考えているのか」と、怒ったという。この電話をしてきたのは、共産党の議員。スターリン主義の亡霊でも出たのだろうか。

選挙事務所と選挙の車のことにも関心があるが、これも付録的なことだろう。選挙が近づいたので、候補者の選挙事務所があちこちにつくられている。選挙はどこでも同じで、大げさな選挙事務所を構え、車にスピーカーを設置して、大きな音量で街の中をかっぽする。智茂子は、事務所も構えず、自転車にハンドマイクで選挙をしている例を知っている。三多摩のあちこちでこんな選挙がはじまっているが、清瀬ではまだ聞かない。みんなおなじに事務所を構えて、排気ガスを撒き散らす車を使い、大音響のスピーカーで、がなりたてる。

現職市長の選挙事務所が気になっている。前回まで使っていた生産緑地の農地は使えないからだ。そこで、どうするかと思っていたら、北口近くの空き地に大きなプレハブを設置した。その場所はスーパーの前で、竹がうっそうと茂っていたところ。緑を大切にと主張していたが、樹木ではなく竹の伐採なのでいいという主張なのだろうかと、余計な心配をしてしまう。一方の共産党が推す候補の事務所は、小金井街道に面した場所。南部の事務所は清瀬駅の南側の住宅地と商店街との境。二人の候補者は、空き店舗を事務所にしているので、自然破壊はないようだ。

7. 連帯を求めて孤立する

選挙事務所に看板が掲げられて、事務所への人の出入りも多くなり、選挙となるのだが、まだ告示日前。選挙事務所は静かな姿をみせている。それでも街の中を歩いていると、友人・知人との話題に、選挙のことが出てくるようになる。智茂子の自宅への電話も、選挙についての話が多くなる。そして聞かれることは、市長にはだれを、市議にはだれを応援するのかということだ。

智茂子は、立候補そのものの賛否と、応援するということを、区別して考えている。南部の市長選への立候補は、今も賛成していないが、立候補を表明してしまったので、その賛否は意味のないものとなる。でもそのことにはこだわりつづけている。では支援しないかということになるとそれは別だ。立候補を表明している三人のなかで一人を選ぶならば南部となるだろう。

これは消去法でそうなるのではなく、議会を傍聴していて得た結論だ。でも選挙の支援といっても、経験がないので、何をどうすればいいのかわからない。それに、南部が演説している場所で拍手をしたり、選挙事務所に出かけたりするなどは、智茂子は好まない。することといったら、いろいろ頭をめぐらすことと、呼びかけられるままに集会にそっと参加し、南部の演説を遠くから聞くこと。それにだれかに聞かれたら、南部を応援していると、はっきり言うことだろう。

それにしても勝てない選挙だと思う。選挙は、ほかのものとは違って、参加することではなく、勝たなければ意味がない。確かに敗北を覚悟に実行しなければならない事もあるだろう。でも、選挙をその対象とするのでは、生臭さすぎる。「連帯を求めて孤立を恐れず」という言葉が昔あったが、三〇年ほど前の思いを、三〇年遅れで実践しようというのだろうか。

現職市長は、自民党と公明党が推薦をする。そして、もうひとりの候補者は共産党の推薦。南部を応援する人はいるのだろうかと心配になる。聞けば、市議会議員のときに応援していた人で、引いてしまった人がいるという。どうしてなのだろうかと、気になっている。議員の選挙のときは応援をするが、市長選は応援しない。単純に考えれば、市長選挙は南部ではない別の候補を応援するということ。だから南部は応援できないということにもなる。そういうことなのだろうか。それとも選挙がばかばかしくなったのだろうか。

選挙がはじまる一週間ほど前、南部たちの集まりがあった。選挙のための決起集会なのかと想像したが、そうではなく、人権をテーマにした講演会だった。講師はＨＩＶ裁判の原告だった、衆議院議員の川田悦子さん。講演は平日の夜で、しかも雨が降っていてかなり肌寒い。そのためか、会場の清瀬駅北口前のアミューホールは、空席が目立つ。ロビーには受け付けがあって、係りの人が位置についている。講演者の著書も販売しているので、その担当者もいる。そして、そのまわりにいるそれらしい人たちも数人いる。これらの人が、南部を応援している人たちなのだろうか。智茂子と面識のある人はいない。

最近の南部の活動は、行政や市長の不祥事ばかりの追及となる。智茂子が議会を傍聴してからは、議会の質問のほとんどがそのことだった。でもそれ以前に南部が活動してきたのは、人権問題であり、環境問題であったという。それらの活動で関わった市民の方は、この市長選挙にどういう反応をするのだろうか。そして、そのなかでは、本村と来たり者が複雑に絡み合あっている悪臭問題の関係者はどうするのだろうか。

智茂子が住む隣の地区にある畜産場が悪臭を発生させるのだが、飼育する牛の糞尿が、発生源だと思ってしまう。そうではない。悪臭は、この畜産場が産業廃棄物の処理業という、別の事業をしていて発生させるもの。樹木の剪定で出る枝葉を堆肥化させるため、その発酵過程で発生する臭いのこと。枝葉を焼却するのではなく、廃棄物を有効活用するので、時代の後押しもあり、こういう施設はここだけではなく三多摩のあちこちにある。でも、他の施設とここの施設の違いは、その処理量が格段に多いということと、悪臭を防ぐ対策をしていないということだ。それは、環境対策にお金をかけていないので、枝葉の搬入料金が安くなり、その結果、搬入量も増えるという構図。そして、この処理場の経営者は本村の重鎮。

南部は、この悪臭をなくすための運動をしてきていた。面白いのは、南部のこの運動を支えてきたなかに、来たり者とともに近隣の本村の人たちがいたことだ。臭いのために生活が脅かされるのは、本村の住民も来たり者も同じことで、処理場近くの農地は農産物の作柄に影響するし、アパート経営もしていて、家賃にも影響してくるからだろう。そして、なによりも環境が土地価格に影響を与え、処理場に接する土地の価格が下がりつづけているからだ。選挙が近づくと、この本村の人たちは、引いていくのだろうか。

智茂子は、目立たないように会場の隅にすわって川田さんの講演を聞く。講演会の会場には、PTAの友人をはじめ、数人の知り合いがいたが、智茂子は挨拶を交わすだけにしたい気分だ、でもそうはいかない。

「清瀬小児病院がなくなるのを知っていますよね。南部さんはどういう考えなのか知っていますか」

講演の休憩時間に、ひとりの女性が話しかけてくる。ごみ問題の審議会のとき、指定袋制に、智茂子とともに反対した宮古さんだ。清瀬の病院街の一画に、都立小児病院があるが、その病院が、どこか他の市の病院に統合されてしまい、清瀬の病院はなくなるのだという。そのことを言っているのだろう。病院を廃止する理由は、都の財政難のためというが、都は、医療施設や福祉施設の廃止計画を次々とあきらかにしているが、清瀬の病院もそのひとつなのだという。それに加えて、この病院の利用者の半数近くは、埼玉県の住民ということも理由にあげる。運営費の赤字部分を都民の税金で補っているのだから、埼玉県の住民が利用するのは、けしからんということのようだ。

小児科の看板があちこちから消えている。小児医療がもうからないからだが、都立清瀬小児病院は、その医療設備は老朽化しているというが、高度医療対応病院として、かなり健闘している。北多摩そして埼玉南部地域で、その果たす役割は大きく、なくてはならない存在。こんな医療機関であるから、廃止に反対をしているのは、何も共産党やその支持者だけとは限らない。清瀬周辺の自治体の長はもちろん、商店会、事業経営者、労働組合、宗教団体と、それこそあらゆる団体と個人が反対している。

「今の市長も統廃合には反対なんですって、小児病院統合反対の集まりに来てそう話していたわよ。市長は南部さんでもいいんだけど。彼は病院のことどう考えているのかしら」

そして、「共産党は、小児病院のことで協力してくれるから、今の市長のままでいいと言っている」ということも話してくれた。宮古は、共産党系といわれている女性団体の役員をしているので、そういうことを聞かされるのだろう。でもこれは現職市長を応援する表の理由。「共産党はもっと屈折している」と言いたくなったが、言ってもはじまらないだろう。これとおなじような話は、いくつか聞いている。でも、もうどうでもいいことだ。

智茂子は人目を避け、ホールロビーの窓際にたたずむ。窓の向かい側には、スーパーに通じる橋が見える。今いるこのビルは元町の一角であり、ここから一〇〇メートルほど東からは上清戸になる。そして中清戸、下清戸と続く。ホールがあるこのビルも、そしてスーパーが入っているビルも、再開発で建設されたもの。地主との用地交渉、居住者との移転交渉、そしてビルの建設という時期が、バブルの真っ最中だった。この地で営業をし、生活をしていた人たちからは、再開発に反対だということはあまり聞かれなかった。十分に補償されたのだろう。でも、いいことばかりではない。再開発事業は多額のお金がかかる。国や都の補助金もあるだろうが、多額の市の借金が残る。ビルの一部をスーパーや銀行に貸して、その家賃収入で借金を返していくのだが、その支払いはこれからが本番となる。当初計画どおりの収入があるのだろうか。

智茂子は、この地の成り立ちを考えている。清瀬駅は元町にあり、その駅が開設されたのが大正一三年という、あの激動の昭和時代を迎える直前のこと。それから世の中も、清瀬も、そしてこの駅前もいろいろなことがあったのだろう。そして、やがて戦後を迎えて、この駅のまわりも変貌する。

智茂子は、農地改革というものにこだわる。『清瀬市史』には何も書いてなかったが、清瀬の今に少なくない影を落としていると思うからだ。隣の東久留米の『東久留米市史』を読んだ。東久留米の成り立ちは、清瀬と同じように畑作が中心の農村。小さな流れがあるのも同じで、当時の人口密度もさほど変わらない。東久留米の農地改革を調べれば、清瀬のそれも想像できるからだ。

こちらの市史は、昭和五四年の編纂だから、清瀬の市史の八年後になる。ページ数は清瀬の市史よりかなり多い。そこには、「東久留米の現代」のなかに、「久留米村の農地改革」の項目があり、最初にこう記述している。「戦争は久留米村の桑畑を普通の畑に変えた。働き盛りの男手を奪い、田・畑は荒れた。しかし、戦争が終わり外地からもぼつぼつと一家の働き手が帰り始め、村は明るさを取りもどしかけている。ちょうどそのころ、久留米村、そして日本全国の農業にとって、未曾有の大変革が起き始めていた。いわゆる農地改革と呼ばれる農地解放がこれである」

農地改革の内容を説明して、「つまり、今まで地主が所有していた土地を国が買収し、それを今までの小作人に分配し、自作農としようというものであり、このことは近代日本の土地制度上、あるいは農業上、画期的なことであった」とも書いている。

そして、久留米の農地改革のことを、農地委員の名簿、買収面積と地主の数などの資料を含めて、かなりのページを割いている。では、清瀬の農地改革はどう進められたのだろうか。農地委員はどこのだれがやっていたのだろうか。小作農地の割合は、全国平均よりも多かったのだろうか。地主と小作のトラブルはなかったのだろうか。これらは、ほとんど知ることができない。清瀬を知るうえで、何か大切なものが抜け落ちている気がする。

農地改革という事実を、今の尺度で論じてもはじまらないのだが、『久留米市史』に興味深いひとつの記述がある。そこに書かれていたのは、「何のための農地改革だったのか」というもの。「昭和二〇年代の後半は村人が農業に打ちんだが、三〇年代になると、大型団地が進出し、農地改革によって解放された土地も次々に団地や宅地になってしまっている。そして、東久留米から専業農家はいなくなり、果たして農地改革の意味があったのか」という内容だ。清瀬のあゆみはどうだろうか。大型団地もでき、農地改革で解放された土地も宅地化されているはず。でも久留米と違うのは、専業農家ががんばっており、農地として耕作を続ける生産緑地の割合は、三多摩で一番高いことだ。そんな清瀬にとっては、農地改革は歴史ではなく、今になってもこだわりを持ちつづける現実の姿なのだろう。

農地改革の情報を、地域住民と行政が共有化することが、農地の解放であるとともに、地域社会の解放につながるのだろう。東久留米はすでに共有化し、農地改革を歴史として検証している。でも清瀬は、農地改革の資料を処分するか、役所の奥にしまい込むかして、歴史として検証することを拒む。そのため、いまだにその尾を引きずっている。

エピローグ

閉鎖社会

1. 来たり者にはわたさない

講演会が終わって一週間すると、選挙がはじまった。告示日は、それぞれの候補者と応援団は、自分たちの勢力を誇示するためか、陣営に活をいれるためか、選挙事務所前に支持者を動員する。候補者の第一声だという。何百人という支持者を集めてエイエイオーとやる出陣式というやつだ。智茂子は、そういう場に出かけることは好まない。大勢が一つの目的に向かって気勢をあげるという行為は、集団リンチに加担させられているような気がする。応援するのなら、個人個人が、それぞれの方法ですればいいだけの話だ。でも、その事務所前の情景は、新聞記事から想像できる。選挙事務所前は、それぞれの候補者によって違う様相を示す。

南部候補者には動員力はない。彼を応援する団体はないはずなので、事務所前に集まるのは、彼を支持する一人ひとりの市民なのだろう。どう考えてもその人数は数十人だ。でも対立候補はどうだろうか。

共産党が応援する候補は、大量の支持者をその事務所前に集めていて、小金井街道が渋滞する。現職の候補者はというと、こちらは駅前通りの道をふさぐほどの人が集まっている。そして、それらの人が乗ってきた車が、道路の両側に並ぶ。何の関係もない市民は、「何でこんなに集めるんだ、通行のじゃまだ」とぶつぶつ言うが、そんなことはかまっていられない。もともとこういう批判的な人は、選挙には行かないし、行ったとしても対立候補に入れると、知っているのだろう。

現職候補者の事務所前は、駅前の西友の前なので人通りも多く、格好の演説スポットとなる。自民党の市議会議員が中心となり、現職市長を応援する演説が続く。そのなかに思わぬ人も発見する。あの吉川が、いつのまにか、市議候補のひとりとして走り回っている。裏で動き回るばかりだと思っていたが、今度は表面に出てくるようだ。そして、南部と同じ会派の議員だった田中の姿も見える。前回の選挙で引退したその人が、現職市長の応援演説をしている。立ち止まって聞かなかったので、話の内容までは知らないが、応援演説をするというのは、その人を支持し、評価していることになる。どういう応援の弁なのだろうか。人間社会はいろいろあるのだろう。その人の主義主張が変わるのか、それとも世の中の方が変わるのか。だれを応援しようとも智茂子には関わりのないこと。そして、智茂子が役所に出かけたとき、この人の息子さんが、窓口で対応してくれたことを思い出す。止むにやまれぬ事情があるのだろうが、悪寒が走る。

応援といえば、市の課長が選挙カーに乗ってマイクを握っていたのを見て、公務員の選挙運動は法律違反のはずなので唖然とする。職員が裏で選挙運動をしているということは、智茂子も知っているが、表に出て堂々と選挙運動をするようになったのか、清瀬はなんでもありなのかと思ってしまう。でも、後で聞くと、この課長は三月末で勧奨退職したのだという。勧奨退職が本当なら、それは、退職金が上乗せされる退職のこと。なるほどこうなるのかと思う。そして次には、現職候補の選挙事務所で、市の部長が受け付けをしていることも聞く。でもこの部長も三月末で勧奨退職したので、今は民間人なのだという。この部長は、体調が悪く救急車で運ばれたこともあると聞いていたが、こちらも自主退職ではないようだ。しかも退職してすぐに選挙の応援をする。体は大丈夫なのかと、他人事だが心配する。

南部の演説スポットは、北口のバス発着場の前となる。毎日、夕方の五時ごろからが南部の演説時間であり、応援は仲間の三多摩の議員たち。選挙時期がずれる西東京、日野、立川、小金井の各市議会議員、日の出町の町会議員がマイクを握る。そして、応援の最終となる土曜日の夕方には、川田悦子さんがやってきた。川田さんが清瀬に来るのは、これが三度目になるという。最初はまだ国会議員になる前で、清瀬福祉まつりの講演。二度目が一週間前のこれも講演で、今日は選挙の応援で三度目となる。

川田さんを迎えにきた中田と、ばったり橋の上で会う。中田は教えてくれる。川田さんは、今日はひとりで来るはずだったが、清瀬は怖いところなので秘書の方と二人連れだという。怪電話は清瀬の市民だけではなく、遠くの応援者にも届くようだ。南部を応援しているので、事務所にも何度もあったそうだ。「何であんな南部を応援するんだ」という脅かす内容。こんな経験は初めてということで、危険を感じて二人でやってくるとのこと。それを聞いて、関係のない智茂子も、ひとりの清瀬市民としてははずかしくなる。

南部候補は、街頭での選挙運動が終わった八時過ぎから、毎日夜の駅頭に立って挨拶を続けている。智茂子は気になってはいたが、夜間のことなので、そして、演説をしているわけではないので、出かけて行って聞くことまではしなかった。でもとうとう最終日になってしまった。南部に会釈をして、駅の北口からスーパーに通じる橋のベンチに腰を下ろす。駅前の橋の上にいるのは、南部と、市議選に立候補をしている中野、藤原の二人の女性候補。それに運動員が数人加わる。今日だけなのかはわからないが、公明党の市議候補もいる。

ここにいるといろいろな出会いがあるようだ。候補者に会釈をする人、話しかける人、目礼をする人、敵視する人など、いろいろだ。でも圧倒的にその数が多いのは無関心の人。この仕事帰りの人たちは、南部たちの昼間の選挙活動は知らない。そして南部の思いも知らないはずだ。この人たちにとって、清瀬市はどう映っているのだろうか。市政を変えようと思うのか、それとも今のままでいいというのだろうか。やはり圧倒的多数は、心は日々の生活のことに向かい、無関心となるのだろう。

九時ごろだろうか、清瀬市に特別の関心を持つひとりの女性が登場する。つかつかと、階段を登ってくる。挨拶はしないで、南部たちに問い詰めるように尋ねる。その女性は現職市長の、あのつれあいの方のようだ。

「清瀬の市民ですか」

「あなたは清瀬をよくする自信がありますか」

清瀬の市民かどうかを尋ねた相手は、藤原候補の旗を持っている男性。そして、あなたは清瀬を云々は、南部に尋ねたものだった。旗を持っていた方は、藤原の夫君とのこと。清瀬市民でないとすると、藤原夫婦は別居していることになる。市議選の候補者は、その市に住民票がある人に限られている。藤原の夫君は、まごつきながらも「そうです。清瀬市民です」と答えている。清瀬市民ですかと聞くのだから、初対面なのだろう。そういう初対面の人に、こういう場で清瀬市民ですかと聞くとは、この人はどういう神経をしているのかと、疑ってしまう。清瀬市民でなく、本村の人間でないと選挙に関わってはいけないようだ。このつれあいの方もやはり本村の人なのだろうか。南部の方は黙ってはいない。「貴女、そういうことを聞くのは失礼ですよ」とたしなめる。

選挙の結果がでる。現職候補が勝利をする。南部の得票は現職の三分の一以上あるが、半分には遠い。そして、共産党が推した候補は南部の三分の二弱というものだった。

2. 役所に逆らう者は許さない

選挙が終わった。清瀬の街は、一週間の喧騒が嘘のようなたたずまいを見せている。あちこちにあった選挙事務所は、灯火を求める虫のように、人びとが群がっていたが、看板はすでに片付けられていて、選挙なんて知りませんという装いをしている。自宅にいても、投票をお願いしますという電話はこない。自転車で街中を走っても、南口の商店で買い物をしても、どこへ行っても選挙カーは見られない。スピーカーの「お願いします」の声も聞こえない。北口のバス発着場の前には、南部の演説をする姿はない。清瀬の街も市民もなにも変わらないようだ。

智茂子もかわらなかった。夫を会社に子どもを学校に送り出し、パート先まで自転車で疾走する。洗濯は毎日で、ごみ出しは一日おき。生協の宅配を利用するので、買い物は一週間に一回。こんな日々に変わりはなかった。でも智茂子の心にはこだわりが残った。選挙の勝敗ではない。南部が負けたのは残念ではあるが、そのこととおなじように気になってならないことがある。「来たり者には清瀬はわたさない」と、橋の上で聞いたあの言葉が、心の奥に沈殿物として残る。

江戸日本橋より行程六里に余れるところの下宿、そして中里、野塩、下清戸、中清戸、上清戸のあわせて六ヶ村の本村。江戸期よりこの六ヶ村で先祖代々生活し続けてきたものが本村の住民で、それ以外は来たり者なのだという。この意味を知ってしまっては、智茂子みたいな来たりものは、沈黙して清瀬に居続けるか、それとも清瀬を離れるか、選択肢は二つにひとつとなる。抵抗する方法も考えたが、それは本村のひとたちと同じ次元に立つことになるので、智茂子にはできそうもない。こういう場合は、沈黙し、沈殿物として残りつづけるのも一興だろうと思う。なんせ異邦人なのだから。

五月、久しぶりに清瀬を離れた。武蔵野線を利用して遠出をした。隣接する東久留米や東村山に足を踏み入れたことは、何度かあったが、そこは清瀬の地続きなので、清瀬を離れたという感覚はなかった。三ヶ月ぶりの外の世界になるのだろうか。武蔵野線を利用する場合は、いつもなら自宅から自転車で新座駅へ行くのだが、この日は遠回りをして清瀬駅から秋津駅へ行き、新秋津駅というルートをとった。東所沢駅と新座駅の間から清瀬を見たいと思ったからだ。武蔵野線をよく利用するが、私鉄との乗り換えが接続していないのは、なぜかこの秋津駅と新秋津駅の間だけのようだ。清瀬駅で乗車して隣の秋津駅で下車し、五分ほど歩いて新秋津駅から武蔵野線に乗る。最初の駅の東所沢を過ぎると、トンネルを潜って城山の脇腹をかすめ、柳瀬川をわたって新座駅に着く。清瀬市域を走るのは二、三分ほどなのだろうが、この日は一〇分も二〇分もかかったような気がした。

清瀬を離れてみると、清瀬の姿がよく見える。このちょっとした遠出は、清瀬という街のことを考えさせてくれる。この街は、今も昔も閉鎖社会になっているようだ。それは地域の文化というものが、閉鎖されているなかで培われてきたからだろう。下宿の昔を考えてみる。下宿が清瀬村以外の世界と接するのは、所沢の城と新座の大和田という字《あざ》になる。これらは、昔でいえば、それぞれが武蔵国の入間郡と新座《にいくら》郡になる。この城と大和田を歩けばなるほどと思うが、下宿に接するところには、集落らしいものは今も昔も見出せない。下宿がこのような地域で在り続けたということは、日常的な交流先は、中里や下清戸という同じ清瀬村に限られる。

次は中里だが、この地域が下宿と違うのは、柳瀬川の向こう岸の字は城ではなく本郷で、ここは城とは違って、集落は形成されていたようだ。でも、本郷はその地理的条件からいって、それほどの規模ではなく、中里地域に踵を接してはいるが、中里に影響を与えるような集落ではないようだ。

上中下の三清戸も、下宿や中里と同じことになる。これらの地域と接するのは、今度は新座郡となるが、このあたりの地域も、三清戸同様の開墾地であり、家々が点在しているばかりで、野火止用水に沿って住宅が集中しはじめるのは、ここ十数年来のことだ。

このように下宿、中里、そして三清戸は、清瀬の外の世界とはあまり交わらない。その文化は、小さな清瀬村という世界で自己完結しているといえるだろう。でも不思議なことだが、同じ清瀬であっても、野塩という一か村からは、ちょっと違う空気を感じ取る。五ヶ村をあるいてから、この野塩を歩いてみるとわかるのだが、どうもその漂う雰囲気が違うようだ。野塩を除いた五ヶ村は、交渉を持つのは同じ清瀬の村内だけだが、野塩は、東村山や所沢という外の世界へ開かれているような気がする。野塩からは違う空気を感じ取れてしまう。聞けば、この野塩地域における通婚先は所沢か東村山が多くて、清瀬方面はかえって少なかったという。通婚先が交流の媒介になるというから、なるほどと納得する。

昔からこの野塩付近の多摩と入間の郡境は、人の往来があった所として知られている。鎌倉武士が駆け抜けた鎌倉古道も、このあたりを走っているし、そこかしこに古戦場もある。来たり者であるということを認識すると、清瀬という地域は排他的で、閉鎖社会に見えてくるのだが、でもこの野塩だけは例外で、門戸が他の世界に開かれている気がしてならない。来たり者にとっても心地よい。野塩と五ヶ村との違いは、こんなところからくるのだろうか。

智茂子に「来たり者には清瀬をわたさない」と語った偵察員にとっては、住みやすい清瀬村なのだろうが、智茂子たち来たり者は、この偵察員の思いとは別となるのだろう。選挙は智茂子にこんなことを考えさせてくれた。

松岡様

春たけなわの今日この頃お元気でしょうか。市長選が終わりました。貴方様とおなじように、私も応援していたのですが残念なことでした。さっそくですが、四月二五日、建設課現業職員の鈴木君が亡くなったことをご存知でしょうか。彼は、何年か前に学校用務員から本庁に異動して来ました。学校の頃に精神的病により入退院をしていたことがあるそうです。職員課では、下のヒラより上の管理職まで、承知のことと思います。そこで知っていただきたいことを記させていただきます。

建設課に来てから、彼に対する職場はひどいものと聞いております。一人だけ作業現場に連れて行き、彼を一人にして作業をさせていたこと。一人での作業のむなしさ、孤独感、何年もこの扱い。自殺です。仕事に出て(いつものようにもちろん一人で)母が眠るお寺で。そのことさえ、周りは知りません。仕事が終わり帰ってこない彼に、腹を立てながら探し回ったのでしょう。

警察には手を回し、いっさいを隠しての選挙戦。みごと当選。職員の管理は、どうなっているのか、仕事中の自殺は、どんなものなのか、疑問です。

この手紙はどうか破棄してください。まずは用件のみ。

匿名

それは白い封筒だった。事務的なものでないことは、それとなくわかるので、私信ということになる。差出人はだれかと思い、裏を見るが何も書いてない。選挙の前には、このような匿名の手紙がきたが、それは、南部を応援する智茂子を脅す内容だった。「なんで南部を応援するのだ。ただではおかないぞ」というものだ。でも、もう選挙は終わってしまったので、そんな手紙は必要ないと思うが、封をきる。差出人は市の職員のようだ。

「当裁判所の判断／福祉団体に身体障害者授産事業を行わせることが清瀬市にとって必要有益な施策であったとしても、そのためであればどのような手段を用いることも義務違反とならないというものではない。公共団体の長は、その施策の遂行のために必要な権利や地位を取得し、これを利用する場合にも、その権利や地位に関する法規又はこれに基づく他の行政主体の行為によって定められたところを尊守すべき注意義務を当該公共団体との関係で負うべきであり、当該権利や地位が施策遂行上不可欠であり、あるいは当該施策が重要であるからといって、その義務をないがしろにすることは許されない」

六月、中田から分厚い封書が送られてきた。東京高等裁判所第一五部民事部の判決文のコピーだ。原告と被告のそれぞれの主張が延々と書かれているが、後半部分に裁判官の判断が示されている。その量は、全体の一割にも満たないのだが、目が釘付けになる。そこには、原告である中田の主張が、そのまま裁判官の主張として書かれている。「行政の長たるものは、行政にとってたとえ必要な、有益なことであっても規則は守らなければならない」というくだりだ。

当たり前といえば当たり前のことだが、この判決は、清瀬の常識が、清瀬を一歩出ると非常識となることを教えてくれる。

もっとも、清瀬市が東京都に支払った賠償金八一五万円の返還は、認められてはいない。たとえ法規に違反したとしても、それは行政と行政の間の行為なので、司法は介入せずということのようだ。原告は不服なので、最高裁までいくのだろうか。

七月、ＴＢＳテレビが清瀬のことを取り上げた。日曜日の「噂の東京マガジン」という番組で、その内容は、秋津駅前の道路用地の返還問題。選挙の直前に自民党と共産党が、この道路問題で一緒に集会を開き、新聞各社に報道を要請していたが、選挙前ではなく選挙後に、新聞でなくテレビがその目的を達してくれたことになる。

道路用地が返還されると、当然なことだが、道路が狭くなるので市民は難渋する。そして、清瀬市はいいことをしているのに、悪いのは地主という図式になる。八八歳になる地主が、インタビューに答えていたのは、一三坪の土地の返還に固執するのは、清瀬市への不信があるからだという。秋津駅南口の再開発が尾を引いているようだ。

行政側は部長と課長が答えていて、地元の野塩では人望のない人だと、地主の悪徳ぶりを攻撃していた。でも、同じようにインタビューを受けていた野塩の商店の方々からは、地主への否定的な発言はなかった。市を批判する市民に対しては、日常的に発言している内容なので、部課長には違和感はないのだろう。これではまた裁判になる。今度は、「行政による一市民への名誉毀損」ということになるのだろうか。

清瀬市は、報道内容がけしからんといって、TBSテレビに抗議をしたという。番組の司会者などが、部課長の発言を「役人が市民の悪口をそこまで言うのか」と、異口同音にコメントを寄せていたが、そのことなのだろうか。司会者は感想を言っただけなのだが、どうしても抗議したいなら、インタビューを受けて発言した地主か、部課長（?）ではないのだろうか。報道の反響が行政に歩が悪いからといっての八つ当たりは困ってしまう。テレビ局も抗議を受けてびっくりしていることだろう。

その報道の一週間ほどの後、『清瀬市報』には、この部長は収入役に就任したとあった。公共の映像で、一市民の人格をこれでもかと攻撃した、その論功行賞のようだ。一方の課長の方は、八月の人事異動で、これもめでたく参事という部長職に出世している。そして、この元課長は、のこのこ地主の所へやってきて、えらくなってか、嘘のようなことをしゃべったという。元課長氏のアホさ加減が知れるだけだが、これで一三坪の行方は混沌としてしまう。困ったことだ。

「一三坪を俺にくれ。そうすれば地主が持っている駅前の土地を、第一種住専から格上げして、土地の高度利用ができるようにしてやる」

『市報』は、新しい助役に、教育長だった現職市長の義弟が就任したということも知らせていた。助役と収入役の人事は、議会の承認が必要のはずだが、自民党も公明党もそして共産党も賛成したのだろうか。さて、仲良しクラブが新発足のようだ。

（終）

布施　哲也（ふせ・てつや）
元清瀬市議会議員
1949年、千葉県に生まれる。中央大学卒業後に出版社勤務。
1991年より2003年まで清瀬市議会議員。
市民自治をめざす三多摩議員ネットワーク結成に参加。
現在「北多摩政治・文化研究会」主宰。「障害者の教育権を実現する会」運営委員。地方自治と環境問題で評論活動。
著書『武田信玄のキーワード』有峰書店
『市民・民衆の新党』（共著）第三書館
住所　東京都清瀬市旭が丘2-1-5-108

清瀬異聞　土地とごみ袋とムラ社会

2003年11月15日　初版第1刷発行

著　者——布施哲也
発行人——松田健二
発行所——株式会社社会評論社
東京都文京区本郷2－3－10
☎03(3814)3861　FAX.03(3818)2808
http://www.shahyo.com
印　刷——互恵印刷＋東光印刷
製　本——東和製本

Printed in Japan　ISBN4-7845-1433-3